中国水产品贸易发展报告

2023

China Aquatic Products Trade
Development Report 2023

农业农村部农业贸易促进中心
中国水产科学研究院黄海水产研究所 编著

中国农业出版社
北 京

《中国水产品贸易发展报告2023》
编写人员

主　　编：徐甲坤　朱文嘉　王　军

副 主 编：陈宁陆　吕　青　何雅静　姚　琳　赵永强
　　　　　孙晓春

参编人员（按姓氏笔画排序）：

马景源	王　丹	王　迪	王竞晗	王联珠
史　越	四方旸	曲　梦	吕　婕	朱　琳
刘志颐	刘奂辰	米　加	江艳华	孙　明
孙　涛	孙长光	李　艺	李　娜	李　莹
李　晓	李子晔	杨少玲	杨妙曦	吴俊强
何晓霞	余海霞	张明霞	张钟元	张菱健
赵　贞	徐　涛	徐晓丽	栾　晶	高　芳
郭林宇	郭莹莹	蒋丹婧	霍春悦	

　　水产品是重要的农产品，也是优质蛋白质的重要来源，在全球粮食供应和营养安全中发挥着关键作用。自 1989 年起，中国水产品产量跃居世界第一位，已经连续 35 年保持世界首位，全球的水产养殖产品约 40% 来自中国。2022 年全国水产品总产量达 6 865.91 万吨，其中养殖产量 5 565.46 万吨、捕捞产量 1 300.45 万吨，养殖产品与捕捞产品的产量比例为 81.1∶18.9。作为全球最大的水产品种苗生产基地、水产品贸易集散地，中国水产已经形成一条从种苗、养殖、饲料、流通加工到冷链物流等一体化的完备产业链。在国内国际双循环新发展格局下，中国政府积极践行大食物观，向江河湖海要食物，为保障世界和我国粮食安全做出了积极贡献。

　　近年来，随着越来越多国家、地区的加入，水产品的单一流向关系逐渐被打破，贸易结构日趋多元紧密，水产品国际贸易显著增长。2022 年，我国水产品贸易额创历史新高，达到 467.4 亿美元，同比增长 17%。其中，进口额达 237.0 亿美元，同比增长 31.5%，增速较 2021 年提高 15.7 个百分点。在蓬勃发展的过程中，水产业也面临着一些问题和挑战，如贸易壁垒、贸易摩擦等对全球水产品贸易伙伴关系、贸易网络及空间格局的稳定性带来了巨大挑战。

　　随着我国经济的快速发展，居民生活水平不断提升，使得我国消费结构不断优化和改善，水产品在膳食结构中的比重不断增加。2022 年全国水产品人均占有量达 48.63 千克，比 2021 年增长 2.68%，极大地促进了我国水产品需求量的持续增长，进而推动了我国水产品总产量的不断提升。从新中国成立初期，水产品总产量相当于人均一年吃一条鱼，到现在，鱼和其他水产品已经变成我们日常饮食的一部分。从"吃鱼难"到"吃上鱼"，再到"吃好鱼"，中国人逐步实现了"吃鱼自由"。

　　《中国水产品贸易发展报告 2023》详细介绍了 2022 年中国水产品贸易发展

的基本概况、面临的问题及挑战、发展趋势与展望，在介绍典型品种、主要贸易省份、贸易伙伴的同时，分析研判了水产品贸易市场的变化趋势及应对措施，总结得出中国水产品贸易急需构建集"政、产、学、研、金、服、用"于一体的融合创新生态这一重要结论。

阅读此书，可以帮助大家全面深入地了解中国水产品贸易的过去、现在和未来，对于践行大食物观、更好地建设"蓝色粮仓"、切实提高水产品供给保障水平、满足人民群众日益多元化的食物消费需求、构建多元化贸易合作机制、提高国际影响力具有重要意义。

中国工程院院士

目 录
CONTENTS

CHAPTER 1 | 第一章
全球水产品贸易概况

水产品是人类主要的食物来源之一，也是接替补充陆域资源的重要保障。水产品作为一种健康、经济的蛋白质来源，对增加优质动物蛋白质供应、保障人类身体营养和健康、确保全球粮食安全及维持社会经济发展均具有十分重要的意义。据联合国粮食及农业组织（The Food and Agriculture Organization，FAO）发布的《2022 年世界渔业和水产养殖状况》，全球渔业和水产养殖产量创下历史新高，水产品是当今世界上交易最多的食品类别之一。

　　水产品贸易是构建人类永续发展的推动者，也是解决全球粮食安全问题的助推器。FAO 的统计数据显示，自 1961 年以来，全球水产品的消费量以年均 3.0% 的速度增长，几乎是世界人口年均增速的两倍，人均年消费量达到 20.2 千克，是 20 世纪 60 年代人均 9.9 千克的两倍多。全球水产品贸易额从 1996 年的 790 亿美元增加到 2020 年的 3 670 亿美元，可见水产品贸易已经成为世界货物贸易的重要组成部分和驱动全球经济增长的重要力量。目前，随着全球经济一体化的加深，一个多元紧密、相互关联、错综复杂的贸易网络日趋形成。

第一节
全球水产品贸易基本情况

1950—2022 年的 70 多年间，全球人口从 25 亿人增长至 70 多亿人，人口的爆炸式增长必将导致全球食物需求的大幅增长，这也致使全球食物供给能力与供给体系备受挑战。水产品贸易作为连接资源丰富和匮乏地区的纽带，不仅有效缓解了区域粮食供给压力、带动食物要素跨区域流动，而且对接续、补充陆域资源和为居民提供优质动物蛋白起到至关重要的作用。随着全球经贸合作的深化，水产品贸易量也呈现出快速增长态势。水产品贸易不仅保障了全球食物的有效供给和资源的可持续利用，还进一步加深了国际经贸合作，推动了全球蓝色经济的持续增长。

一、全球水产品贸易市场规模

随着人口增长和经济发展，全球对水产品的消费需求不断增加。FAO 在 2022 年发布的数据显示，2020 年，全球水产品总产量创历史新高，达 21 400 万吨，包括 17 800 万吨水生动物和 3 600 万吨藻类。2020 年水生动物的产量比 20 世纪 90 年代的平均水平高出 60% 以上，大大超过世界人口增速，其主要原因是全球特别是亚洲水产养殖产量增长。全球范围内，水产品提供了约 17% 的动物蛋白，在亚洲和非洲的部分国家甚至达到 50% 以上。2020 年全球水产品贸易额占农产品贸易总额（不包括林业）的 11%，全球 221 个国家（地区）有水产品贸易，鲑鱼、虾、金枪鱼、鱿鱼和鳕鱼等是主要的水产品贸易品种。

如图 1-1 所示，美国（14%）、中国（9%）、日本（7%）、西班牙（5%）、意大利（4%）、法国（4%）、瑞典（4%）、韩国（4%）、德国（4%）和泰国（4%）是近五年初级水产品进口额居于全球前十位的国家。中国仅次于美国，位居第二，实现了跨越式增长。

初级水产品根据协调制度（Harmonized System，HS）编码两位码分类下的第一类第三章，即 03 开头的商品，包括活鱼（0301）、新鲜或冷藏鱼（0302）、冻鱼（0303）、鲜、冷、冻鱼片及其他鱼肉（0304）、干、腌、熏制鱼（0305）、虾蟹类及制品（0306）、贝类、头足类及其制品（0307）、海参、海蜇、海胆等及其制品（0308）。

通过分析初级水产品（03）的出口额，明确了 2022 年全球十大水产出口国，如表 1-1 所示。2022 年全球水产品出口排名第一的国家是挪威，占全球出口份额的 10.3%，中国排名全球第二，占全球出口份额的 8.3%，位列第三至第十的国家依次是厄瓜多尔、俄罗

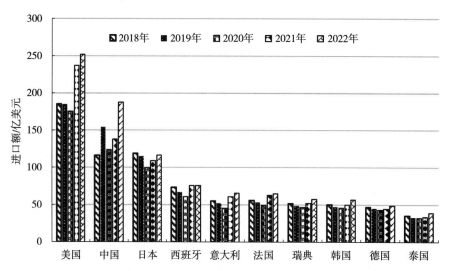

图 1-1   2018—2022 年全球初级水产品进口额居前十位的国家
数据来源：Trade Map 数据库。本章后图同。

斯、越南、智利、印度、加拿大、瑞典和美国。其中，厄瓜多尔、越南、智利的水产品出口额增长迅猛，增长率分别达到 48%、42%、29%。过去的五年里，厄瓜多尔平均年增长率更是达到 23%，2018—2022 年中国受多种因素叠加的影响，虽然年增长率出现了负增长，但进口来源地集中度不断优化。

表 1-1   2022 年全球初级水产品十大出口国情况

出口国	2022 年出口额/亿美元	2022 年贸易差额/亿美元	2018—2022 年增长率/%	2021—2022 年增长率/%	占全球出口份额/%	进口来源地集中度
挪威	151.5	147.3	7	13	10.3	0.05
中国	122.0	−65.8	−3	11	8.3	0.07
厄瓜多尔	84.5	83.2	23	48	5.8	0.32
俄罗斯	78.4	64.6	7	14	5.3	0.20
越南	76.8	53.7	7	42	5.2	0.11
智利	74.6	73.3	5	29	5.1	0.21
印度	67.7	65.9	2	1	4.6	0.14
加拿大	58.6	30.4	6	−7	4.0	0.42
瑞典	51.6	−5.8	3	10	3.5	0.12
美国	50.8	−201.1	−1	5	3.5	0.12

数据来源：Trade Map 数据库。本章后表同。

二、全球水产品贸易结构

水产品的加工和利用，在过去几十年发生了很大变化。在直接供人类食用的水产品中，生鲜或冰鲜产品仍然占最大比重，其次是冷冻、预制、盐渍、烟熏、发酵或干燥等处理或加工的产品。在亚洲和非洲，通过盐渍、烟熏、发酵或干燥来保存的水产品比例高于世界平均水平。越来越多的水产加工副产品被用于食用和非食用目的，例如，全球鱼粉产量的27%以上及鱼油总产量的48%来自水产加工副产品。

挪威2004—2021年一直是第二大水产品出口国。2022年，挪威水产品出口额为152亿美元，占全球出口总额的10.3%。挪威不仅是世界上最大的大西洋鲑生产国，还大量捕捞和出口小型中上层鱼类和鳕鱼等底栖鱼类。截至2022年，欧盟是挪威最重要的市场，占其出口总额的60%。挪威、智利、瑞典水产出口主要靠养殖的大西洋鲑，最近几年大西洋鲑供不应求，国际市场价格大涨，挪威的出口额也水涨船高。瑞典则是挪威养殖的大西洋鲑出口的转口国家，因为瑞典与挪威有着漫长的国境线，挪威北部的养殖场的大西洋鲑，向东越过挪威和瑞典边境线，可以通过公路运输，能更方便地出口到法国、波兰、西班牙、意大利等国。

俄罗斯主要出口各种冷冻海捕鱼类和各种活蟹，特别是鲜活帝王蟹和鲜活雪蟹，目前其在中国、日本和韩国市场增长非常迅速。加拿大则主要出口各种海捕虾蟹贝，包括螯龙虾、北极虾、牡丹虾、珍宝蟹、雪蟹、北极贝等，都是中国市场的畅销产品。

美国的水产品出口，主要包括阿拉斯加州捕捞的各种鱼类的冻品及其加工的鱼片，还有一部分则靠把缅因州捕捞的螯龙虾运到加拿大新布伦瑞克、爱德华王子岛等地进行加工和回购。

中国的水产品出口，主要集中在两个领域：来料加工出口、自有品种出口。中国的来料加工出口，集中在辽宁和山东，以大连、青岛及周边的水产加工厂为主，主要的原料是各种进口的鳕鱼、鲭鱼、鲑鱼、鲽鱼等，加工后的冷冻鱼片，主要返销美国、德国、日本等国家。中国的贝类出口，主要集中在辽宁、山东，也是全球最大的扇贝、蛤类和鲍养殖区域。中国的头足类出口，主要集中在福建、浙江，作为全球主要的墨鱼、鱿鱼和章鱼加工基地，产品主要出口到韩国、日本、泰国等国家。中国的冻鱼出口主要是捕捞海水鱼类和淡水养殖鱼类。捕捞海水鱼类主要包括蓝圆鲹、马鲛鱼、沙丁鱼、黄鳍金枪鱼、长鳍金枪鱼、鲣鱼等，出口的主要市场包括菲律宾、韩国、泰国、印度尼西亚、马来西亚等国家，以及中国香港、中国台湾等地区。淡水养殖鱼类主要包括罗非鱼、鳗鱼、鲴鱼、鲟鱼等，出口的主要国家包括美国、墨西哥等。

厄瓜多尔和印度凭借大量养殖和出口南美白对虾，已跻身全球水产品出口大国。越南是世界上主要的巴沙鱼生产国和出口国，越南的巴沙鱼片在中国市场随着各种连锁酸菜鱼餐饮店的扩张而热销。此外，越南还是虾类养殖和加工大国，是全球的虾仁和面包虾加工中心之一，其产品大量出口至美国、日本、韩国等国家。

第二节
全球水产品贸易发展趋势分析

随着中国市场地位的巩固和影响力的扩大，未来的全球水产品贸易格局将会怎样演变？这个问题引发了人们的关注和思考。海洋财富的转移已经开始并且不可阻挡，中国作为全球水产品市场的重要参与者，将继续深度影响全球水产品贸易的发展趋势。

一、全球水产品贸易整体发展趋势分析

据FAO发布的《2022年世界渔业和水产养殖状况》，未来水产品生产、消费和贸易仍将增长，但增速较慢。预计2027年水产养殖产量会首次突破10 000万吨，2030年将达到11 000万吨。2030年水生动物总产量将达到20 000万吨，这主要得益于水产养殖的持续增长。预计2030年世界捕捞渔业将得到恢复，达到9 600万吨，比2020年增长6%，这得益于渔业资源管理的改善与提高带来某些物种种群的恢复、未充分捕捞资源的渔获量增加，以及丢弃、浪费和损失的减少。

2021年，主要发达经济体采取财政金融强刺激政策，全球流动性量化宽松，导致全球水产品价格普遍上涨。如美国2021年12月消费者物价指数（CPI）增长达7%，创近40年新高。中国水产品进出口受此影响，也呈现"量减额增"的趋势，进出口总量同比下降1.0%，进出口总额同比上涨16.1%。

如图1-2所示，2004—2022年全球水产品贸易总额、水产品贸易进口增长率、水产品贸易出口增长率的变化幅度、变化方向、变化趋势大体一致。三个重要节点分别为2008年（国际金融危机爆发期）、2015年（国际金融动荡期）和2019年末（全球新冠疫情暴发期）。从整体趋势来看，增长率呈现周期波动性，分别在2004年、2008年、2010年、2013年、2017年、2021年达到波峰，在2009年、2015年、2020年达到波谷。

据FAO发布的《2022年世界渔业和水产养殖状况》报告预计，2030年约36%的渔业和水产养殖总产量将用于出口（若扣除欧盟内部贸易，则为31%），中国将继续成为全球最大的水产品出口国，其次是越南和挪威。全球出口增长的大部分将来自亚洲，到2030年，亚洲将占新增出口量的52%左右。因此，亚洲在水产品贸易总额中的消费份额将从2020年的47%增长到2030年的48%。根据该报告，高收入国家将继续高度依赖进口来满足国内需求，到2030年，欧盟、日本和美国将占水产品消费总进口的39%，略低于2020年的40%。

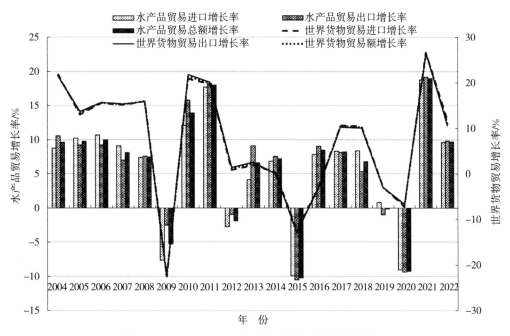

图 1-2　2004—2022 年全球水产品贸易增长率分析

二、全球水产品贸易产品结构发展趋势分析

通过细分水产品贸易额分析，如图 1-3 所示，活鱼（0301）和干、腌、熏制鱼（0305）贸易额始终保持在下游水平，2003 年两者的贸易额之和为 82 亿美元，约占水产品贸易总额的 6%，几乎一路上涨，2022 年达到峰值 183 亿美元，然而在 2020 年贸易额下跌至 156 亿美元，几乎跌回到 2016 年之前的水平，可见这两种水产品的贸易受疫情冲击较大。冻鱼（0303），鲜、冷、冻鱼片及其他鱼肉（0304），虾蟹类及制品（0306）的贸易额始终

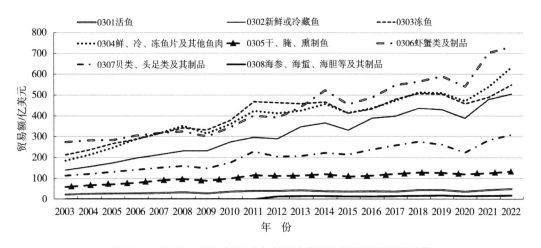

图 1-3　2003—2022 年全球水产品分类型贸易增长额变化趋势

保持在上游区间，贸易额从 2003 年的 812 亿美元增加到 2019 年的 2 033 亿美元之后回落到 2020 年的 1 860 亿美元，2022 年达到峰值 2 421 亿美元，首末年份对比来看贸易额增加了近 2 倍。

通过水产品贸易结构变化分析，如图 1-4 所示，整体而言，每种水产品的比例变化并不明显。活鱼（0301）和海参、海蜇、海胆等及其制品（0308）的占比不到 3%，占比最小。活鱼（0301），冻鱼（0303），干、腌、熏制鱼（0305），虾蟹类及制品（0306），贝类、头足类及其制品（0307）的占比呈现下降趋势。其中，冻鱼（0303）占比由 2003 年的 17.2% 下降至 2022 年的 15.5%，下降 1.7 个百分点，降幅最大；虾蟹类及制品（0306）占比由 2003 年的 22.1% 下降为 2022 年的 20.7%，下降 1.5 个百分点。占比上升的水产品有新鲜或冷藏鱼（0302）、鲜冷冻鱼片及其他鱼肉（0304）和海参、海蜇、海胆等及其制品（0308）。其中新鲜或冷藏鱼（0302）从 2003 年的 11.3% 上升至 14.2%，涨幅最大，为 3.0 个百分点。

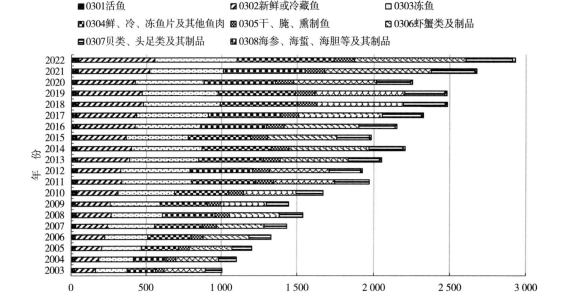

图 1-4　2003—2022 年全球水产品贸易额结构变化趋势

三、全球水产品贸易国家和地区结构发展趋势分析

2022 年全球水产品贸易规模有所扩大，从 2003 年和 2022 年两个时间维度分析全球水产品贸易国家和地区结构发展趋势，如表 1-2 所示，全球水产品进口前十名国家（地区）变化不大，仅中国香港和英国退出前十名的名单，而瑞典和泰国补充位次。中国、日本及泰国等亚洲国家的排名大幅提升，西班牙、法国、德国及英国等欧洲国家的排名均有所下降，可以看出此时贸易格局的地理重心发生转向，一些欧洲国家对水产品的进口需求在相对降低，而亚洲国家的进口需求正日渐攀升。

对比 2003 年和 2022 年出口排名前十的国家（地区）来看，如表 1-2 所示，成员变化程度较大，仅有挪威、中国、美国、加拿大、智利和越南始终排在前十名。西班牙、丹麦、泰国、荷兰被厄瓜多尔、俄罗斯、印度、瑞典所取代。挪威、中国、厄瓜多尔、俄罗斯等国家对水产品出口持续增长。中国的贸易地位不断提升并日渐占据主导地位，美国、加拿大、西班牙等欧美发达国家的水产品贸易有所降低，亚洲国家（地区）已成为全球水产品重要的贸易通道。

表 1-2　2003 年和 2022 年全球水产品主要进口国家（地区）和出口国家（地区）

	2003 年			2022 年	
排名	进口国家（地区）	出口国家（地区）	排名	进口国家（地区）	出口国家（地区）
1	日本	挪威	1	美国	挪威
2	美国	中国	2	中国	中国
3	西班牙	美国	3	日本	厄瓜多尔
4	法国	加拿大	4	西班牙	俄罗斯
5	意大利	越南	5	意大利	越南
6	中国	西班牙	6	法国	智利
7	德国	丹麦	7	瑞典	印度
8	韩国	泰国	8	韩国	加拿大
9	中国香港	智利	9	德国	瑞典
10	英国	荷兰	10	泰国	美国

从全球水产品进口发展趋势分析，如表 1-3 所示，美国、日本、中国和意大利始终保留在核心层，其中日本与意大利的位次有所下降。中国则始终保持着强势地位，在此期间的水产品贸易上保持着"量质齐飞"的态势，既有着日趋多元的贸易伙伴关系，也在贸易规模上持续增大，进口量从第五位升到第二位，成为核心层国家的主导力量。而法国逐渐退出圈层，由西班牙接替补位。

表 1-3　2003 年和 2022 年水产品核心层进口国家的主要贸易对象

	2003 年		2022 年
核心层国家	主要贸易对象	核心层国家	主要贸易对象
日本	中国（11.7%）、美国（10.9%）、俄罗斯（9.8%）、中国台湾（7.9%）、印度尼西亚（6.1%）、泰国（5.4%）、智利（5.3%）、韩国（5.1%）、越南（4.8%）、挪威（4.6%）	美国	加拿大（15.6%）、智利（11.8%）、印度（11.5%）、中国（11.3%）、印度尼西亚（6.9%）、越南（5.8%）、挪威（5.1%）、厄瓜多尔（3.6%）、墨西哥（3%）、俄罗斯（3%）
美国	加拿大（20.3%）、中国（10.3%）、智利（8.3%）、泰国（7.4%）、越南（6.5%）、印度（4.8%）、墨西哥（4.1%）、厄瓜多尔（3.9%）、印度尼西亚（3.2%）、俄罗斯（2.8%）	中国	厄瓜多尔（19%）、俄罗斯（14.7%）、越南（8.9%）、印度（6.7%）、加拿大（6.4%）、美国（6%）、挪威（4.9%）、印度尼西亚（4.2%）、日本（2.7%）、新西兰（2.7%）

（续）

2003 年		2022 年	
核心层国家	主要贸易对象	核心层国家	主要贸易对象
法国	英国（13.5%）、挪威（10.1%）、西班牙（5.7%）、荷兰（5.5%）、马达加斯加（5%）丹麦（4.7）%、美国（4.6%）、爱尔兰（3.8%）、冰岛（3.5%）、巴西（3%）	日本	智利（12.1%）、美国（10.9%）、俄罗斯（10.2%）、中国（9.9%）、挪威（8.5%）、越南（5.2%）、中国台湾（4.3%）、印度（3.9%）、印度尼西亚（3.8%）、韩国（3.7%）
意大利	西班牙（18.1%）、丹麦（10.4%）、荷兰（10.3%）、法国（8.3%）、希腊（5.2%）、英国（3.7%）、瑞典（3.2%）、泰国（3%）、塞内加尔（2.9%）、摩洛哥（2.5%）	西班牙	摩洛哥（9.8%）、法国（6.3%）、葡萄牙（5.8%）、厄瓜多尔（5.3%）、阿根廷（5.1%）、挪威（4.9%）、瑞典（4.8%）、毛里塔尼亚（4.8%）
中国	俄罗斯（35.5%）、朝鲜（11.1%）、美国（7.1%）、日本（6.4%）、加拿大（5.4%）、挪威（4.9%）、韩国（2.6%）、印度（2.5%）、新西兰（2%）、泰国（1.4%）	意大利	西班牙（20.1%）、丹麦（7.4%）、法国（6.6%）、挪威（6.5%）、阿根廷（5%）、希腊（4.8%）、英国（3.4%）、突尼斯（3.4）、泰国（2.9%）、瑞典（2.8%）

　　2022 年核心层国家贸易伙伴关系发生重塑，地理阻隔有所弱化，在越发开放包容的条件下，寻求多边化、稳定化、可预期的外部市场环境是巩固核心地位的重要选择。中国打破了原有的贸易路径与模式，贸易国别在地理分布上更加分散化。而中俄之间良好的政治关系也体现在了经贸关系上，俄罗斯依旧是中国最大的水产品贸易伙伴国之一，其他较强的贸易关联则分散在北美洲和亚洲地区。美国与 1996 年相比其主要贸易伙伴国变化不大，依旧为北美洲与南美洲国家，可见美国在水产品贸易上依旧延续以往的贸易路径，空间上存在较强的"路径依赖"和"区域锁定"特征，这与意大利、西班牙等欧洲国家也极为相似。而对于日本来说，80% 的主要贸易伙伴国未有变化，贸易路径上呈现出更强的固化特征。

　　全球水产品进口额和出口额整体呈现显著增长的趋势，如图 1-5、图 1-6 所示，2003—2022 年各国（地区）的出口额和进口额的年均增长率在 1%～18%。通过对 2022 年核心层国家（地区）水产品贸易额和 2003—2022 年整体增长率进行趋势对比发现，一方面全球水产品出口呈现出同向走势，高贸易额的国家（地区）往往伴随着较高的增长率，而低贸易额的国家（地区）则增长率较低，其中厄瓜多尔、俄罗斯的出口额增长率分别高达 18%、17%；另一方面，全球水产品进口呈现出强烈的反向走势，高贸易额的国家（地区）往往伴随着较低的增长率，而低贸易额的国家（地区）则增长率较高，其中越南、中国台湾的进口额增长率分别高达 18%、10%。

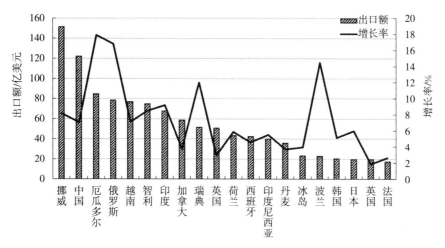

图 1-5　2022 年全球水产品主要出口国的出口额和 2003—2022 年整体增长率

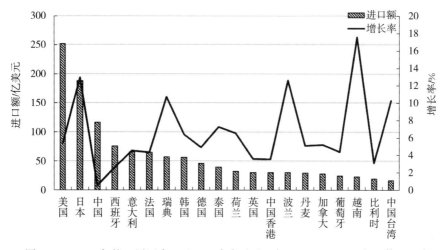

图 1-6　2022 年核心层国家（地区）水产品进口额和 2003—2022 年整体增长率

CHAPTER 2 | 第二章

中国水产品贸易概况

第一节
中国水产品贸易发展基本概况

对外贸易是中国开放型经济的重要组成部分和国民经济发展的重要推动力量，是畅通国内国际双循环的关键枢纽。中国水产品国际贸易占所有动物蛋白国际贸易总量的54％，在国际贸易中遥遥领先于其他动物蛋白（畜牧产品）。中国是全世界的水产品加工中心，具备完善、健全的水产供应链、产业链，在双循环的格局主导下，中国水产品市场前景广阔、消费潜力无限。中国水产品贸易将坚持市场导向，兼顾国内国际两个市场，顺应变化调整产品结构、优化产业布局。

一、中国水产品贸易发展历程

中国渔业从增加渔民收入、解决群众"吃鱼难"、丰富城乡居民"菜篮子"的需求出发，经历了几十年的高速增长，已逐渐发展壮大并形成较完整的产业体系。自1989年起，中国水产品产量跃居世界第一位，目前已经连续35年保持世界首位。中国也是世界水产养殖产量最高的国家，全球的水产养殖产品约40％来自中国。中国的养殖水产不仅仅供给国内消费，也是出口的重要大类。中国养殖的罗非鱼、叉尾鮰、对虾等都是水产品出口的创汇大户。大黄鱼、大闸蟹也都大量出口韩国和中国香港。中国渔业特别是水产养殖业的发展，为满足中国乃至世界水产品消费需求、减少对天然海洋渔业资源的过度利用和依赖、促进全球渔业资源科学养护和可持续利用做出了重要贡献。

随着人民消费水平的不断提高，过去十年中国进口水产品贸易额以年均超过10％的速度增长，进口水产品已成为中国市场消费的重要组成，并成为中国人消费不可或缺的部分，对于提高人民群众生活水平、稳定市场供应、满足人民群众对美好生活的向往，具有举足轻重的作用。

21世纪以来，在国际范围内海洋"国土化"趋势不断增强的大背景下，以海洋资源争夺为核心的海洋竞争日趋激烈，中国对海洋的重视程度空前提高，积极利用发展战略和规划手段开发海洋、利用海洋的能力显著增强。"十二五"期间，中国将渔业上升至国家战略产业，现代海洋渔业产业体系初步形成。2016年，农业部印发的《全国渔业发展第十三个五年规划》提出要大力推进渔业供给侧结构性改革，加快转变渔业发展方式，实现渔业现代化。2021年，农业农村部印发的《"十四五"全国渔业发展规划》提出"三提升、三促进"发展重点任务，将中国渔业发展战略定位进一步优化。不仅水产品的战略地位逐渐上升，其经济效益也更加凸显。《2022 年中国渔业经济统计公报》统计数据显示，2022 年中国全社会渔业经济总值高达 30 873.1 亿元，其中渔业产值 15 267.5 亿元、渔业工业与建筑业产值 6 621.2 亿元、渔业流通和服务业产值 8 984.5 亿元。中国水产品总产量 6 865.9 万吨，成为名副其实的水产品大国，海洋渔业更是成为推动中国渔业经济增长的动力引擎及保障海洋权益、畅通多边贸易通道的重要抓手。因此，提升中国水产品贸易竞争力，将渔业发展战略与对外贸易合作战略相结合，对维护中国渔业大国核心地位意义重大。

过去的 20 年，中国水产品进出口贸易发展历程大致经历了四个时期，如图 2-1 所示。一是 2003—2007 年的平稳期，在此期间中国的水产品进出口额呈现出波动增长趋势；二是 2008—2014 年的加速增长期，在后金融危机阶段，水产品的外部需求呈现出较大幅度的增长，拉动了中国的出口贸易额，而国内需求则依旧保持平稳增长；三是 2015—2018 年的差额缩紧期，此时中国水产品出口保持回缓，而进口需求增长较大，导致水产品贸易顺差缩小；四是 2019—2022 年的调整期，受疫情影响，水产品贸易格局出现翻转，水产品进口额首次超过出口额，并持续增长。

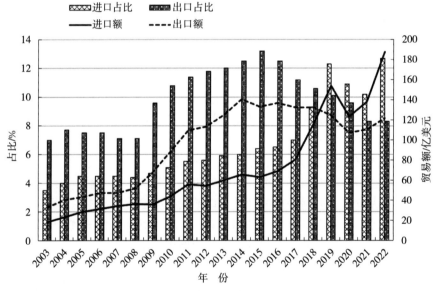

图 2-1　2003—2022 年中国水产品贸易格局变化趋势
数据来源：Trade Map 数据库。本章后图同。

中国水产品进出口额与水产品占比的变化趋势也基本吻合。水产品进出口额占全球水产品贸易比重持续攀升，其中进口额占比从 2003 年的 2.5% 增长至 2022 年的 12.7%，出口额占比从 2003 年的 7.0% 增长至 2022 年的 8.3%。较明显的是，2008 年以后中国的水产品出口占比呈现跨越式增长，并始终维持在 12% 左右的较高水平，进口额占比呈现平稳上升趋势，尤其是在 2017 年增长更加迅猛，并且随着进口额的持续追赶，水产品贸易顺差有所缩减。此外可以看出，水产品进出口额的趋势变化也反映出供需结构关系的转换，中国正逐渐从全球水产品生产大国转变为消费大国。

二、中国水产品贸易市场规模

中国是世界上最大的水产品消费、生产、贸易国。2003—2022 年中国水产品进口额、出口额分别增长 907.2%、265.8%，进口额的增速明显高于出口额，表明中国水产品的进出口结构发生了改变，进口的品种偏向高价格的水产品。2003—2022 年水产品进口额增速迅猛，年均增速为 47.8%。中国水产品贸易市场规模不断扩大，贸易结构更加优化，贸易效益显著提升。2022 年，中国水产品进出口总量达 1 023.3 万吨，进出口总额达 467.4 亿美元，同比分别增长 7.2% 和 17.0%，贸易逆差为 6.8 亿美元。

（一）中国水产品出口市场规模

水产品是中国农产品中最具出口竞争力的产品之一，中国作为全球最大的水产品出口国之一，为全球水产品的供给和消费做出了重要贡献，且与 204 个国家和地区有水产贸易往来。"十三五"以来，水产品出口额稳定在 200 亿美元以上（除 2020 年外），其中 2018 年达到最高的 224.4 亿美元。2003—2022 年中国在全球水产品贸易网络中的位次是第二，仅次于挪威。2022 年中国水产品出口量 376.3 万吨，同比下降 1.0%；出口额 230.3 亿美元，同比增长 5.0%。出口量的下降及出口额的增加，说明中国出口水产品中优质高价的种类比例有所提升。在已获认的 231 个农业国际贸易高质量发展基地中，水产品企业占到其中的 1/5，这得益于中国渔业高质量发展，不仅为国际市场提供了优质的水产品，也将成为维护全球食物安全的积极力量。

2018—2022 年，中国水产品主要出口市场为日本、美国、韩国、欧盟、东南亚地区和中国香港、中国台湾，如表 2-1 所示。其中，日本、美国、韩国是中国较为稳定的出口市场。2022 年，中国对美国水产品出口额大幅上涨，同比上涨 27.1%。中国对日本、韩国水产品出口额小幅上涨，同比上涨 6.3%、3.1%。

表 2-1　2018—2022 年中国水产品主要出口市场情况

单位：亿美元

出口市场	出口额				
	2018 年	2019 年	2020 年	2021 年	2022 年
日本	21.2	20.4	17.2	17.4	18.5
美国	17.5	13.5	11.1	11.4	14.5
韩国	15.4	13.9	12.9	13.1	13.5
中国香港	10.4	9.4	9.8	11.7	12.1
菲律宾	6.2	5.4	4.9	7.6	7.7
泰国	6.1	6.7	9.0	5.8	5.9
中国台湾	8.5	6.8	5.3	4.7	5.6
德国	4.8	6.2	4.1	3.8	5.5
英国	3.3	3.8	3.4	3.0	3.5
越南	1.7	2.5	2.8	3.4	3.5

数据来源：Trade Map 数据库。本章后表同。

中国也是世界水产品加工产量最高的国家。2022 年,中国水产品加工能力达到 2 970 万吨。中国水产品加工总量整体上呈现波动态势。2014—2017 年,中国水产品加工总量逐年增长,2017 年实现 2 196 万吨。2018 年,中国水产品加工总量出现短暂下滑,2022 年又提升至 2 148 万吨。中国水产品加工并出口的大宗产品主要包括冻鱼、鱼糜制品、带壳或去壳的软体动物、带壳或去壳的甲壳动物等。

(二)中国水产品进口市场规模

中国作为全球最大的水产品进口国之一,在全球水产品贸易网络中的位次呈现出波动上升态势,从 2003 年的全球第六位跃居到 2022 年的第二位,水产品进口大国地位日渐凸显。中国水产品进口同比显著增长,中国进口水产品用于国内消费比例逐年提高,贸易逆差有所扩大,2022 年水产品进口量达 647.0 万吨,同比增长 12.6%,进口额为 237.0 亿美元,同比增长 31.5%,2022 年贸易逆差为 6.8 亿美元。

2022 年,中国水产品进口额排名前十的国家如表 2-2 所示,分别为厄瓜多尔、俄罗斯、越南、印度、加拿大、美国、挪威、印度尼西亚、日本、新西兰,合计占中国水产品进口额的 74.3%。其中,自越南、厄瓜多尔、俄罗斯、印度等国家的水产品进口额增长明显,自厄瓜多尔进口水产品贸易额为 35.6 亿美元,增长近 70%;自俄罗斯进口水产品贸易额为 27.5 亿美元,增长 47.8%;自越南进口水产品贸易额为 16.7 亿美元,同比增长超过 100%。相比同类国产水产品,进口产品具有物美价廉的显著优势。例如,以 2021 年 3 月水产品价格为例,厄瓜多尔白虾进口完税价格为 37.7~45.0 元/千克,国内市场价格约为 73.4 元/千克,平均差价约为 32.0 元/千克,较国内优惠 43.7%;越南巴沙鱼片进口完税价格为 7.2 元/千克,国内市场价格约为 20.0 元/千克,平均差价约为 12.8 元/千克,较国内优惠 64.2%。此外,水产品属于资源分布差异性非常典型的产品,进口水产品特别是三文鱼、金枪鱼、鳕鱼、龙虾、帝王蟹等,中国并无生产,适当进口有利于丰富人民群众的日常餐桌。

表 2-2 2018—2022 年中国水产品主要进口国情况

单位:亿美元

进口国	进口额				
	2018 年	2019 年	2020 年	2021 年	2022 年
厄瓜多尔	5.0	19.0	17.2	21.9	35.6
俄罗斯	21.1	21.9	18.4	18.6	27.5
越南	5.5	9.8	10.5	7.1	16.7
印度	3.9	12.3	8.4	9.7	12.6
加拿大	10.0	11.3	8.3	10.7	12.0
美国	12.5	9.1	7.8	9.8	11.3
挪威	5.8	6.9	5.1	7.3	9.1
印度尼西亚	5.4	6.5	6.9	7.1	7.8
日本	3.5	3.3	2.2	3.9	5.1
新西兰	4.3	4.8	4.3	4.6	5.0

2018—2022 年，水产品进口市场有涨有跌。因厄瓜多尔对欧美出口量大幅下滑，中国成为厄瓜多尔白虾最主要的出口市场，厄瓜多尔对中国的出口量占其出口总量的 80% 左右。在 2022 年越南巴沙鱼出口总额中，中国市场占比 29%，美国市场紧随其后，占比为 22%，中美两大市场贡献了超一半的收益。目前，中国进口的巴沙鱼几乎全部产自越南，而中国与越南山水相连，从陆路口岸进口巴沙鱼，由跨境货车直接运输过关，便捷性远超海运。

（三）中国水产品消费市场规模

中国作为世界人口大国，目前已成为全球水产品消费第一大国，在全球水产品供应链各环节中都积极发挥着重要作用。水产品在中国肉类消费结构中占比仅次于猪肉，为国民提供了超过 17% 的动物蛋白。

中国水产品消费市场对世界水产品出口国呈现出越来越大的吸引力。一是由于中国水产品消费市场的急剧增长。随着中国居民生活水平的提升，水产品在膳食结构中的比重不断增长，中国水产品年均消费量以 3% 的速度增长。消费者对高品质水产品的青睐也促使着各主要水产品出口国将越来越多的水产品出口指向中国。二是因为中国水产品进口市场的开放给世界水产品出口贸易大国呈现出了一个潜力巨大的市场。随着中国开放程度的不断加深，相继与多个国家签订自由贸易区协定，水产品进口壁垒不断降低。在 2018—2019 年，中国水产品进口呈现爆发式增长，2019 年的进口额相较于 2017 年增长了 90.0%，引力效应贡献率高达 92.9%。三是因为中国加大对水产品市场的开放程度，降低了水产品进口关税，平均税率由 15.2% 下降至 6.9%。四是由于经济发展，国内生产总值同比增长 6.6%，中国居民人均可支配收入实际增长 6.5%，人们对高质量水产品的需求和购买力日益提升。水产品进口增长较大的有冻鳕鱼、冻大马哈鱼、蟹类、龙虾、对虾等高品质高价格的品种。

然而，中国在人均水产品消费量上却较少，2020 年人均食用消费量仅有 13.9 千克（表 2-3），2020 年同期猪肉的人均食用消费量达 18.2 千克。此外，中国城乡居民的水产品人均食用消费量差距也十分明显。在 2020 年，城镇居民人均水产品食用消费量为 16.6 千克，而农村居民的则为 10.6 千克，相差 6 千克。《中国农业展望报告 2017—2026》预计，到 2026 年中国人均水产品消费量将达到 23 千克，占总消费量的比重将达到 36% 左右。中国人口基数庞大，城市化程度不断提高，消费进一步升级，优质水产品消费市场增长空间较大，预计增速会持续高于全球平均水平。中国整体水产消费需求超过美国、欧洲市场之和。水产市场正在迎来发展黄金期，中国的水产消费正在迎来突破性增长。

表 2-3　2016—2020 年中国人均水产品消费量

单位：千克

年份	中国居民人均消费量	城镇居民人均消费量	农村居民人均消费量
2016	11.4	14.8	7.5
2017	11.5	14.8	7.4
2018	11.4	14.3	7.8

（续）

年份	中国居民人均消费量	城镇居民人均消费量	农村居民人均消费量
2019	13.6	16.7	9.6
2020	13.9	16.6	10.6

数据来源：国家统计局。

三、中国水产品贸易产品结构

2003—2022 年的 20 年间，中国水产品贸易产品结构有所改变。根据中国水产品出口品种变化趋势，如图 2-2 所示，2011 年以前中国主要出口鲜、冷、冻鱼片及其他鱼肉（0304），冻鱼（0303），虾蟹类及制品（0306），2011 年之后贝类出口额大大增加。2022年中国细分水产品呈现出口额鲜、冷、冻鱼片及其他鱼肉（0304）＞贝类、头足类及其制品（0307）＞冻鱼（0303）＞虾蟹类及制品（0306）＞活鱼（0301）＞干、腌、熏制鱼（0305）＞新鲜或冷藏鱼（0302）＞海参、海蜇、海胆等及其制品（0308）的贸易格局。可以看出中国水产品贸易仍以初级加工产品为主，而活鲜或冷藏鱼、干腌熏制鱼、海参、海蜇及海胆的贸易较少。中国出口的深加工鱼类产品中，出口额最大的包括烤鳗鱼、金枪鱼和鲣鱼胴体、鲭鱼制品和罐头、沙丁鱼制品和罐头，以及其他各类鱼类制品和罐头等。中国出口的软体类和甲壳类产品中，出口额最大的包括鱿鱼制品、墨鱼制品、面包虾和蝴蝶虾、鲍鱼罐头、螃蟹罐头、章鱼制品、蛤蜊制品、扇贝制品等。由此可见，随着中国自主创新能力不断提升，出口竞争力持续增强，高技术、高附加值产品出口强劲，商品结构持续优化。

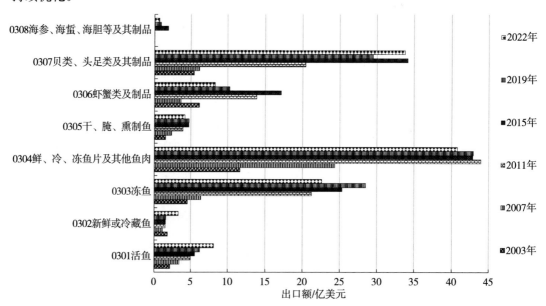

图 2-2　2003—2022 年中国水产品出口品种变化趋势

注：缺少 2011 年之前 0308 的数据。

中国进口的水产品几乎涵盖所有种类，有冻鱼、冻鱼片、贝类、头足类、虾蟹类、干腌熏鱼等，如图2-3所示。冻鱼进口主要以来进料加工原料、鱼粉为主，供直接消费的进口冻鱼品种主要有带鱼、鲽鱼、鳕鱼，近十年以来进口额一直增加，其次是贝类、头足类的进口额也有所增加。受世界经济低迷、国内劳动力成本上涨和东南亚国家同质竞争等因素影响，来进料加工原料进口整体处于下降趋势。自2017年以来，随着打击走私力度加强，正规进口渠道增加，尤其是中国从俄罗斯、越南、澳大利亚和厄瓜多尔进口量、进口额增长较大，激增品种分别为俄罗斯的蟹类、冻大马哈鱼、冻鳕鱼，越南的巴沙鱼，澳大利亚的龙虾和厄瓜多尔的对虾，进口的高价格品种水产品增长迅速。2022年，中国进口细分水产品贸易格局发生重塑，贸易格局变化为虾蟹类及制品（0306）＞冻鱼（0303）＞贝类、头足类及其制品（0307）＞新鲜或冷藏鱼（0302）＞鲜、冷、冻鱼片及其他鱼肉（0304）＞活鱼（0301）＞干、腌、熏制鱼（0305）＞海参、海蜇、海胆等及其制品（0308）。对比来看，细分水产品贸易结构的变化也反映出中国人民物质生活水平的提升引起了水产品需求偏好的变化、生产方式的改进、技术条件的进步和贸易环境的改善。

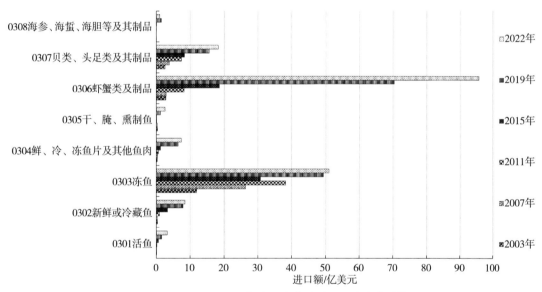

图2-3 2003—2022年中国水产品进口品种变化趋势
注：缺少2011年之前0308的数据。

四、中国水产品贸易国家和地区结构

（一）出口市场多元化成效明显，国际市场布局更趋优化

2022年，中国出口量列前十位的出口市场是日本、美国、韩国、中国香港、菲律宾、泰国、中国台湾、德国、英国、越南（表2-4），2003年和2022年前十大出口市场的出口量分别占中国出口总量的90.4％和74.1％。

2003年和2022年中国出口量排前十名的出口市场变化不大，如表2-4所示，仅有加拿大、波兰和西班牙退出了前十名。2022年，日本、美国、韩国、中国香港依旧位居中国水产品主要出口市场前四，但占出口总额的比重与 2003 年相比，显著下降。其中，对日本、韩国和美国的出口比重降幅分别为 16.3%、9.6% 和 6.6%，德国、英国等欧洲国家的排名也有所下降。在传统水产出口市场总体疲弱的同时，一些非传统出口市场表现抢眼，泰国、菲律宾和越南进入前十名。可以看出此时贸易格局的地理重心发生转向，一些欧洲国家对水产品的进口需求在相对降低，而亚洲市场的进口需求正日渐攀升。

表 2-4　2003 年和 2022 年中国水产品主要出口市场

单位:%

2003 年			2022 年		
出口市场	排名	比重	出口市场	排名	比重
日本	1	31.5	日本	1	15.2
韩国	2	20.7	美国	2	11.9
美国	3	18.5	韩国	3	11.1
中国香港	4	6.4	中国香港	4	9.9
德国	5	5.3	菲律宾	5	6.3
英国	6	2.9	泰国	6	4.8
加拿大	7	2.2	中国台湾	7	4.6
波兰	8	1.1	德国	8	4.5
中国台湾	9	0.9	英国	9	2.9
西班牙	10	0.9	越南	10	2.9

（二）进口来源地的国际"朋友圈"进一步扩大

2022 年，进口量列前十位的国家是厄瓜多尔、俄罗斯、越南、印度、加拿大、美国、挪威、印度尼西亚、日本、新西兰，如表 2-5 所示，2003 年和 2022 年前十大进口来源地的进口量分别占中国总进口量的 78.9% 和 76.2%。

2003 年和 2022 年前十名的国家变化较大，2022 年朝鲜、韩国和泰国退出了前十名，而厄瓜多尔、越南和印度尼西亚接替补位，从中可以看出中国水产品贸易不再集中于俄罗斯、朝鲜、美国、日本等，而是呈现多元化的贸易模式，各国之间的贸易差距有所缩小，东亚、南亚等国家对水产品贸易需求日趋强烈。

表 2-5　2003 年和 2022 年中国水产品主要进口来源地

单位:%

2003 年			2022 年		
进口来源地	排名	比重	进口来源地	排名	比重
俄罗斯	1	35.5	厄瓜多尔	1	19.0
朝鲜	2	11.1	俄罗斯	2	14.7
美国	3	7.1	越南	3	8.9
日本	4	6.4	印度	4	6.7
加拿大	5	5.4	加拿大	5	6.4

（续）

2003 年			2022 年		
进口来源地	排名	比重	进口来源地	排名	比重
挪威	6	4.9	美国	6	6.0
韩国	7	2.6	挪威	7	4.9
印度	8	2.5	印度尼西亚	8	4.2
新西兰	9	2.0	日本	9	2.7
泰国	10	1.4	新西兰	10	2.7

五、中国水产品贸易发展面临的问题和挑战

"十四五"时期，中国进入全面建设社会主义现代化国家的新发展阶段，世界百年未有之大变局加速演进，外贸发展面临的机遇和挑战都有了新变化。当前，中国水产品贸易发展正处于向高质量发展的战略转型期。虽然中国水产品国际贸易克服了全球疫情、国际商品和要素流动受阻等诸多压力，但是仍然面临着诸多不稳定、不协调、不利于高质量发展的问题，这些问题集中体现在以下四个方面。

（一）品牌创新不足制约了水产品贸易发展

出口产品缺乏知名自主品牌，品牌推广建设存在困难。由于中国水产品进出口贸易企业在国际和国内市场上缺乏知名度，水产品出口主要以代工贴牌方式为主，被迫将大部分利润让给国外的品牌商。优质品牌企业在国际市场上的影响力和占有率不高，主要原因有以下几点：一是欧美市场对水产品品牌的认知度和接受度较为固定，新生品牌想要打入市场需要大量、长期投入，而且短时间内难有成效；二是生产工艺、设备和技术原因，中国水产加工企业对欧美消费者认可度较高的罐头等即食产品的加工能力和效率与国外厂商相比尚有一定差距；三是企业参加各种展会的展位费、差旅费等成本一年至少几十万元甚至上百万元，企业资金压力大，通过展会推广自主品牌的积极性不高。

（二）贸易发展方式粗放阻碍了水产品贸易发展

外贸传统竞争优势弱化，新优势亟待培育。廉价的生产要素不再是我国的竞争优势，市场和资源两头在外的国际循环动能明显减弱。水产品加工仍属于较粗放的劳动密集型产业，与越南、印度尼西亚、印度等东南亚、南亚国家水产品加工同质化竞争激烈，其成本比中国低 30％以上，导致中国产品在生产成本上缺乏国际竞争力，日本、韩国等国家的进口商不断将加工订单转移到综合成本更低的越南、印度尼西亚等国家。目前来看，中国水产品初级加工出口较东南亚国家的优势，主要在于地理位置优越及通关、物流便利。通关及运输便利一定程度上缓冲了加工贸易订单转移对中国水产品加工行业的冲击。但随着生产要素成本差距的持续拉大，以及基础设施建设带来的运输条件的不断改善，未来东南亚国家初级水产品加工优势将更加凸显，中国水产品出口与东南亚国家的同质化竞争将更加激烈。

出口高附加值、高技术含量的精深加工产品占比偏低，商品结构有待优化。中国的水

产加工行业未能根据市场消费变化及时进行产品结构调整，缺乏烹饪方式简便、食材有机、营养健康等主导的水产加工品。出口品种主要集中在产业链底端的资源类商品，产品品种和层次单一，以水产品为基础的深加工海洋食品、保健品等高端产品开发不足。即使是金枪鱼这类高端产品，目前也处于初级加工阶段，大多加工为鱼柳、鱼片和罐头制品。伴随着后疫情时代的到来，全球水产品区域化、本土化趋势更加明显，中国没有像挪威大西洋鲑、冰岛北极甜虾、加拿大深海鲽鱼、阿根廷红虾等品牌海洋捕捞产品的资源优势，也没有厄瓜多尔白虾等已经形成较大市场占有率的养殖产品，中国急需进行产品结构优化，培育中国本土化优势养殖水产品。

（三）远洋捕捞原料供应不足约束了水产品贸易发展

资源环境承载能力达到瓶颈，致使远洋捕捞产量减少，原料供应紧缺影响了企业正常生产。远洋捕捞也是水产品一般贸易出口的重要原料来源。近年来，中国海洋渔业资源不断衰退，渔业资源过度捕捞状况日益严重，自 2015 年开始，中国海洋捕捞产量呈现持续下滑的趋势，到 2020 年，中国海洋捕捞水产品总产量为 947.41 万吨，自 2015 年以来首次跌破 1 000 万吨，占中国水产捕捞总产量的 71.5%，2022 年维持在 950.85 万吨。受厄尔尼诺等自然灾害影响，全球尤其是阿根廷、秘鲁等海域的水产品减产严重，远洋捕捞量大幅下滑。以中国水产品出口值最大的品种鱿鱼为例，其主产地在西南大西洋、东南太平洋和北太平洋邻近国家管辖海域及附近公海海域，2016 年上半年，阿根廷鱿鱼减产超过半数，秘鲁鱿鱼供应量更是下降 70%，产量跌至历史最低水平。产量下降导致鱿鱼加工企业原料不足，部分企业已经到了"无米下锅"的境地。

（四）市场预警不足约束了水产品贸易发展

全球经济已进入动荡变革期，单边主义、保护主义、霸权主义愈演愈烈，多边贸易体制面临严峻挑战，贸易壁垒增多，贸易摩擦加剧，贸易规则更趋碎片化。市场预警不足将制约水产品贸易发展，下面将从以下几点进行分析。

一是出口市场过于集中，承受较大市场风险。中国水产品企业出口市场集中度很高，一般对一两家主要客户出口就占到企业出口量的半数甚至 80% 以上，企业出口形势很容易受到大客户的连带影响，同时也会因市场过于集中导致行业受国际市场政治、经济情况变化影响较大，承受较大的贸易风险。调研显示，日本由于拥有世界最大的水产企业，是中国诸多企业出口首选甚至唯一的客户。近年来，受中日政治局势紧张等因素影响，对日本的出口波动明显，企业利润越来越低，未来对日本的水产品出口将面临挑战。

二是国外技术性贸易措施的制约。中国出口市场集中在日本、欧洲、美国、韩国及东盟等地。这些市场贸易壁垒措施最严格，对中国水产品出口企业实施卫生注册、提高进口水产品检测标准、增加检测项目、采取反倾销等贸易保护手段，使中国水产品出口门槛和贸易成本进一步提高。除了正常的水产品外观、规格、新鲜度等之外，主要贸易国家（地区）对进口水产品的农药残留、重金属及其他风险因子等规定越来越严苛，但企业及时获得信息的渠道不足，而且消化适应需要一个过程。另外，越来越多的企业从事水产品的进出口业务，信息和政策引导难度大。

第二节
中国水产品贸易发展趋势分析

"十四五"时期，在宏观经济总体平稳、政策环境持续优化、渔业资源逐渐恢复、科技环境显著改善的背景下，水产品贸易延续恢复性增长形势明朗。可以预见，未来中国水产品贸易的发展必将完整、准确、全面贯彻新发展理念，不断增强贸易综合实力，提升畅通循环能力，深化贸易开放合作，以科技创新为主要手段，向高端化、集群化、国际化、信息化与智能化发展，水产养殖、捕捞、加工及科技创新将协同进步，从而全面推进水产品贸易高质量发展，为国民经济持续健康发展做出新的贡献。

一、中国水产品贸易发展环境

中国水产品贸易发展机遇与挑战并存，特别是在国际海运贸易中"一箱难求"、运费高涨、通关加严、滞港压港频发等诸多压力下，中国水产品对外贸易攻坚克难、迎难而上，2022年实现了水产品进出口总额首次突破400亿美元大关，再创历史新高。在以习近平同志为核心的党中央领导下，中国宏观经济持续向好，海洋经济向强发展的基本面仍没有改变。依靠丰富的海洋资源储备，中国政府全力为海洋经济发展构建良好的政策环境，并持续提升现有海洋科技水平，促进中国由海洋大国向海洋强国推进。

（一）中国宏观经济持续向好，渔业市场回暖

2020年，国内生产总值达101.6万亿元，同比增长2.3%，中国是全球唯一实现经济正增长的主要经济体。中国宏观经济增速实现V形反转，推动了海洋强国建设，助力中国海洋经济发展迈向新台阶。

2020年，受全球新冠疫情的影响，水产品市场的消费遇冷，但随着疫情逐步得到控制，渔业市场开始回暖。2021年2月，中国渔业固定资产投资额增速快速攀升至20.2%，尤其是2022上半年增势大幅上涨，6月中国渔业固定资产投资额增速达40.3%。这表明渔业的固定投资在快速增加，市场活力正在恢复。

（二）广大居民消费的需求不断增加

随着中国经济的持续向好发展，居民的收入水平和生活水平也在持续提升，对优质、安全、健康的水产品的需求也在不断增加。水产品不仅是低脂且优质的蛋白质食物，还含有丰富的人体所需微量元素，符合现代人健康养生的生活需求，因此越来越受到广大消费者的喜爱。水产品消费将继续增长，2022年水产品消费量达6 969万吨，同比增长

1.2％。其中，食用消费量达 3 006 万吨，同比增长 1.4％；加工消费量进一步增加，达
2 830万吨，同比增长 1.7％。2021 年，中国人均水产品占有量为 47.4 千克，比 2020 年
增加 1.0 千克，增长 2.1％，是世界平均水平的 2 倍，约占人均动物蛋白消费量的 1/3。

（三）水产品贸易发展政策环境持续优化

全球多个国家在产业政策、对外贸易政策等方面发布了相关政策文件，水产品贸易发
展的政策环境得到持续优化，法律、物流、支付、结算等支撑体系更加完善，有助于推动
水产品贸易高质量发展。

国际政策。全球经济和贸易有所回暖，利好中国对外出口。由于新冠疫情的巨大冲
击，全球经济 2020 年出现了较大幅度的下跌。2022 年，新冠疫苗的接种率不断提高，全
球各国均采取了积极的财政、货币政策等。2023 年世界卫生组织（World Health
Organization，WHO）宣布，新冠疫情不再构成"国际关注的突发公共卫生事件"，全球
经济和贸易需求呈现恢复性增长。

产业政策。国内经济持续恢复，外贸稳增长政策效应持续显现。2021 年 7 月，国务
院办公厅印发了《关于加快发展外贸新业态新模式的意见》，积极营造鼓励创新、充满活
力、公平竞争、规范有序的良好氛围，促进外贸新业态新模式健康、持续、创新发展，助
力产业链供应链畅通运转，推进贸易高质量发展，服务构建新发展格局。

对外贸易政策。中国一系列外贸政策持续发力，为国内外贸企业降成本、防风险、抓
订单、扩市场发挥了重要作用。2021 年 8 月，国务院办公厅印发了《关于推进自由贸易
试验区贸易投资便利化改革创新的若干措施》，在提升贸易便利度、投资便利度、国际物
流便利度、金融服务实体经济便利度和探索司法对贸易投资便利的保障功能等 5 个方面，
提出 19 项改革举措，推动自由贸易试验区更好发挥改革开放排头兵的示范引领作用。
2021 年 11 月，商务部印发了《"十四五"对外贸易高质量发展规划》（以下简称《规
划》），是继 2019 年《中共中央　国务院关于推进贸易高质量发展的指导意见》和 2020
年《国务院办公厅关于推进对外贸易创新发展的实施意见》之后，又一个外贸领域的重要
指导性文件。《规划》突出了深化科技创新、制度创新、业态和模式创新，将绿色贸易、
贸易数字化、内外贸一体化等国际贸易新趋势列入十大主要任务。同时，结合当前外贸发
展新形势，丰富了贸易新业态新模式的内涵，鼓励海外仓、保税维修、离岸贸易等新业态
发展。

（四）高水平开放支撑水产品贸易的发展

畅通国内大循环有利于更好吸引全球要素资源、提升产贸融合水平，促进国内国际双
循环有利于优进优出、提升贸易自由化和便利化水平。2021 年是中国加入世界贸易组织
（WTO）20 周年，中国切实履行加入 WTO 时的承诺，关税总水平降至 7.4％，低于
9.8％的入世承诺。中国持续打造开放层次更高、营商环境更优的开放新高地，不断对标
国际高标准经贸规则，积极推动制度创新，赋予自由贸易试验区更大改革自主权，推进贸
易投资便利化改革创新，稳步推进海南自由贸易港建设，出台实施海南自由贸易港跨境服
务贸易负面清单。新增天津、上海、重庆、海南 4 个服务业扩大开放综合试点地区，推进
文化、数字服务、中医药服务等领域特色服务出口基地建设。与全球贸易伙伴关系更加牢
固，率先核准区域全面经济伙伴关系协定（Regional Comprehensive Economic

Partnership，RCEP）并推动协定达到生效门槛，申请加入全面与进步跨太平洋伙伴关系协定（Comprehensive and Progressive Agreement for Trans-Pacific Partnership，CPTPP）和数字经济伙伴关系协定（Digital Economy Partnership Agreement，DEPA），积极参与WTO改革，推动数字经济、绿色低碳等新兴领域国际经贸规则制定。

（五）冷链物流和电商的发展为水产品贸易的销售模式带来了创新

农业农村部、商务部正在围绕"产地冷链""中央厨房""预制菜"等热点产业和热门领域，加快推进冷库、冷藏车等冷链物流必备要素的投资建设，为冷冻水产品行业的发展奠定了良好的流通基础，也保障了水产品的新鲜度和安全性。伴随着冷链物流技术和生鲜电商的快速发展，水产品流通渠道不断拓展，生鲜电商从价格、品类、质量、便利性等多个角度连接了供应商与消费者，解决了传统营销渠道痛点，带动消费增长。

电商和冷链物流的发展促进了水产品的销售模式创新。比如预售模式、团购模式等，这些模式都可以提前预测市场需求，减少库存积压，提高资金的流动性。通过电商平台，消费者可以直接下单购买水产品，大大缩短了销售流程。同时，通过冷链物流的配送服务，也可以保证水产品在较短的时间内送达消费者手中，提高销售效率。电商平台和冷链物流的服务可以提高消费者对水产品的信任度。消费者可以清楚地了解到水产品的来源、加工过程和运输情况等信息，从而放心购买。

二、中国水产品贸易形势展望

当今世界正处于百年未有之大变局中，国际关系呈现多重变化趋势，存在着大国博弈和地缘政治较量加剧、反全球化和逆全球化力量强化、保护主义和孤立主义势力抬头、全球极端天气事件频发等问题，未来水产品贸易环境仍面临很大的不确定性。"一带一路"倡议所倡导的"和而不同、兼容并蓄"发展理念，拓宽了传统国际贸易合作的内涵，构建了积极的蓝色伙伴关系，全球多边机制与区域合作机制将不断强化，中国对外贸易发展将迈上新台阶。

（一）水产品消费大国地位将延续

中国作为世界上人口最多的国家之一，中国市场对水产品需求的火爆不断引发关注。中国庞大的人口基数和不断增长的中产阶层消费者群体，使其成为水产品的热门市场。各种海鲜食材和加工制品都在中国市场受到热烈的欢迎，这使得中国成为许多水产大国的首选贸易伙伴。中国政府也在积极推动水产品的进口便利化政策，以满足国内市场的需求。降低关税、简化检验检疫程序等一系列措施，为水产品进口商提供了更加便捷和有利的经营环境。这使得中国不仅成为水产品需求的主要市场，也成为全球水产品贸易的重要枢纽。中国进口水产品种类繁多，特别是大西洋鲑、金枪鱼、鳕鱼、龙虾、帝王蟹等非中国本土优势水产品种类，有利于丰富中国人民群众的日常餐桌。2019年，中国水产品人均日摄入量仅为30克左右，为全球人均水平的56%，且主要集中在一二线城市，因此中国水产品消费市场还有很大潜力。伴随着冻品市场的增长，加工品消费不断增加，巨大的中国市场正在为水产加工品打开一扇窗，水产加工企业要抓住这个机遇，练好内功，讲好故事，用优质产品打动消费者，用创新的营销模式抓住消费者，迎接水产品加工业的春天。

这一新的趋势将进一步促进全球水产品贸易的平衡和繁荣，同时也为其他水产大国提供了更多机遇。

（二）水产品加工大国地位将延续

国际市场基本稳定，水产品加工大国地位将延续。中国是全球最大的水产品加工生产基地，新冠疫情之前，全球每天都有大量的水产品运到中国，在中国完成加工后再销售到世界各地。中国拥有现代化的工厂、科学的管理体系、高技能的工人、完善的物流体系，中国制造水产品在全球享有盛名。团餐、电商的消费在崛起，外卖、团餐等新型消费模式不断涌现，消费人群对产品多元化及体验全方位等需求上升。预制菜的发展赋能了团餐，但本身对供应链企业的跨地域运转能力要求较高，企业面临的挑战较大。目前预制菜从商家端发力到消费者端崛起的转换正在加速，团餐供应链在技术创新和管理模式等方面提出更高的发展要求，单点精进才有被链接的可能，才有可能满足消费者几近挑剔的消费需求，预制食品虽然占比还十分有限，但是处在飞速发展阶段，增速十分可观。

（三）科技创新将驱动产业发展

随着技术创新体系越发完备，在贸易商品种类上也会越发多元化，故而科技因素对贸易规模本身会起到巨大的驱动作用。另外，对于水产品而言，技术水平对水产品生产贸易的分工合作具有深远影响。在水产品方面包括渔场开发、水产养殖、精准捕捞、渔具渔船制造等技术，在水产品加工技术方面也囊括了水产品精深加工、节能降耗、无菌包装、有效杀菌、自动控制等加工关键技术，在水产品储藏运输方面也涉及加工冷藏、温度控制、活体运输、冷链物流等技术。技术水平的提高驱动着水产产业向专业化、技术化、智能化、规模化、集约化转型，技术进步在一定程度上会提高水产品生产能力及生产效率从而降低生产成本，技术驱动下的生产成本优势将转化为国际贸易中的比较优势。

CHAPTER 3 | 第三章

中国水产品贸易典型品种情况

面对国内外经济发展复杂多变的环境，丰富的贸易品种及多元化的贸易结构不仅能畅通国际循环、推动水产品对外贸易的发展，更能展现中国水产品对外贸易在全球价值链中的分工优势。如今，各类名特优新水产品充盈国内与国际市场，水产品不再是群众餐桌上"锦上添花""可有可无"的菜品，已逐步变成餐桌上的"必需品"。水产品加工包括以鱼类、虾类、蟹类、贝类、头足类、藻类等的可食用部分制成的冷冻品、腌制品、干制品、罐头制品等，还包括以食用价值较低或不能食用的水产动植物及食品加工废弃物等为原料，加工成的鱼粉、鱼油、鱼肝油、水解蛋白、鱼胶、藻胶、甲壳质等。2019年，中国水产品加工比例为38%，其中海水产品加工比例为58%、淡水产品加工比例为17%。水产品加工业的发展对推动水产品出口贸易和渔业产业结构调整发挥了重要作用。

第一节
鱼　　类

一、世界鱼类生产和贸易概况

鱼类是海洋生物中的最大家族，大约有 11 000 种，但其中可作为食品开发利用的鱼类并不多，全世界已开发利用的仅 300 余种。鱼类的年人均消费量从 20 世纪末的 16 千克增加到 2020 年的 20 千克，食用鱼类为人类贡献了约 20％的动物蛋白。在 21 世纪初，食用鱼类供应总量的 2/3 取自海洋和内陆水域，其余 1/3 来自水产养殖，包括传统水产养殖和高值鱼种的集约商业水产养殖。

水产养殖产业发展迅猛，据 FAO 数据统计，2017—2021 年，世界鱼类产量总体呈波动上升趋势，五年的平均年生产总量为 13 297.8 万吨，其中捕捞总量逐年增加，养殖总量在 2019 年和 2020 年有所下降，但 2021 年养殖总量有所回升，鱼类总产量创新高，2022 年达到13 774.9万吨（表 3 - 1），在捕捞与养殖的结构配比中，捕捞总量约占总产量的 43％，与 2017 年的 41％相比也有增长。

表 3 - 1　2017—2021 年世界鱼类产量

单位：万吨

年份	总产量	捕捞总量	养殖总量
2017	12 915.7	5 269.4	7 646.3
2018	13 436.3	5 455.1	7 981.2
2019	13 195.4	5 630.2	7 565.2
2020	13 166.5	5 763.0	7 403.4
2021	13 774.9	5 941.7	7 833.2

数据来源：FAO 统计数据库（FishStatJ）。

注：因统计时对数据进行四舍五入，导致部分分项数据之和同总项数据不完全一致。本章后表同。

从世界范围来看，鱼类的进口市场主要在发达国家，而出口市场则为广大发展中国家。2017—2021 年世界鱼类进出口数据显示，进出口总量在近五年内维持在较为平稳的状态，2019 年达到高峰 5 508.5 万吨，出口量与进口量基本均衡。从世界鱼类产品进出口总额来看，2017—2021 年基本呈持续增长态势，尽管 2020 年受疫情影响进出口总额有所下降，但 2021 年显著回升，达到 2 075.4 亿美元，进口额和出口额也基本持平。详见表 3-2。

表 3-2　2017—2021 年世界鱼类进出口概况

年份	进出口		出口		进口	
	总量/万吨	总额/亿美元	总量/万吨	总额/亿美元	总量/万吨	总额/亿美元
2017	5 313.0	1 863.0	2 716.8	939.7	2 596.1	923.2
2018	5 502.4	1 936.5	2 824.8	1 013.2	2 677.6	923.2
2019	5 508.5	2 000.5	2 799.6	998.2	2 708.9	1 002.3
2020	5 349.1	1 878.2	2 698.6	935.2	2 650.5	943.0
2021	5 313.5	2 075.4	2 685.1	1 037.0	2 628.4	1 038.3

数据来源：FAO 统计数据库（FishStatJ）。

二、中国鱼类生产和贸易概况

进入 21 世纪以来，中国的淡水养殖鱼类产量趋于平稳，海水养殖鱼类产量逐年递增。2019—2021 年中国鱼类养殖、捕捞海水鱼和淡水鱼产量情况详见表 3-3。2018 年，中国淡水养殖鱼类产量与海水捕捞鱼类产量达到高峰，分别为 2 959.8 万吨和 716.2 万吨，鱼类总产量达 3 972.7 万吨。随后几年基本稳定在 3 500 万～3 700 万吨。捕捞业与增养殖业为鱼类生产的两翼，受海洋水产资源衰退的影响，捕捞业目前正面临着严重的困境，而增养殖业将得到广泛重视和大力发展，其发展潜力巨大。

表 3-3　2018—2022 年中国鱼类产量

单位：万吨

类别	年份				
	2018	2019	2020	2021	2022
淡水养殖鱼类产量	2 959.8	2 548.0	2 586.4	2 640.3	2 710.5
淡水捕捞鱼类产量	147.1	184.1	110.9	92.0	89.8
海水养殖鱼类产量	149.5	160.6	175.0	184.4	192.6
海水捕捞鱼类产量	716.2	682.9	648.8	645.2	641.9
总产量	3 972.7	3 575.6	3 521.0	3 561.8	3 634.7

数据来源：中国渔业统计年鉴。

鱼类进出口贸易对渔业产业有着强大的推动力，自中国加入 WTO 后，伴随着国际化程度的显著提高，中国鱼类进出口量增长迅速，鱼类出口贸易发展迅猛，目前已形成以国内自产鱼类出口为主、来进料加工相结合的国际贸易格局，进一步带动了渔业生产的发展和结构优化，提升了水产品加工企业的国际竞争力。

中国鱼类产品对外贸易自 20 世纪 90 年代后增长迅速，2019 年中国鱼类进出口总量达到 612.8 万吨，进出口总额达到 189.6 亿美元，进口量与出口量基本持平，但出口额约为进口额的 2 倍。受疫情影响，2017—2021 年中国水产品出口增长并不平稳，且影响存在一定的滞后性，2021 年中国鱼类进出口总量为 454.8 万吨，进出口总额为 170.4 亿美元，出口额为进口额的 2 倍多（表 3-4）。中国出口主流水产品已逐渐从低附加值产品转化为高附加值的深加工产品。

表 3-4 2017—2021 年中国鱼类进出口概况

年份	进出口		出口		进口	
	总量/万吨	总额/亿美元	总量/万吨	总额/亿美元	总量/万吨	总额/亿美元
2017	540.7	159.2	306.3	113.4	234.4	45.8
2018	569.6	183.3	306.7	122.9	262.9	60.4
2019	612.8	189.6	311.5	121.6	301.3	68.0
2020	541.8	164.6	275.9	111.2	265.8	53.4
2021	454.8	170.4	259.4	119.6	195.3	50.8

数据来源：FAO统计数据库（FishStatJ）。

第二节

虾　　类

一、世界虾类生产和贸易概况

虾属节肢动物甲壳类，种类很多，包括青虾、草虾、小龙虾、南美白对虾、明虾、基围虾、琵琶虾、龙虾、磷虾等。虾类产业占渔业生产总值的比例日益加大，产业地位日趋重要。从世界范围来看，2017—2021 年世界虾类产量呈逐年增长趋势，2021 年达到1 051.1 万吨，其中捕捞总量为 734.4 万吨（表 3-5），占总产量的 69.9%。从捕捞总量与养殖总量的配比看，仍以捕捞为主，尽管自然资源衰退可能会一定程度上影响捕捞产量，但近五年数据显示世界虾类捕捞量保持稳中有升的趋势。

表 3-5　2017—2021 年世界虾类产量

单位：万吨

年份	总产量	捕捞总量	养殖总量
2017	927.2	571.6	355.7
2018	946.4	605.6	340.7
2019	967.1	650.3	316.9
2020	979.3	685.5	293.8
2021	1 051.0	734.4	316.6

数据来源：FAO 统计数据库（FishStatJ）。

在世界虾类产品市场供给和需求共同增长的双重推动下，虾类产品国际贸易量迅速扩张，在水产品国际贸易中占据了十分重要的地位，虾类产品的出口量达到世界水产品总出口量的 5% 以上，出口额约占总出口额的 20%。虾类产品主要贸易类型有冷冻及未冻龙虾、冷冻及未冻对虾、制作或保藏的龙虾或对虾等，近年来这三大类虾产品总贸易量和总贸易额都有相当规模的增长。据 FAO 数据统计，2017—2021 年世界虾类进出口总量与进出口总额整体呈增长趋势。尽管受疫情影响 2020 年进出口总量与进出口总额略有下降，但 2021 年显著回升，2021 年世界虾类进出口总量为 744.8 万吨，进出口总额超过 581 亿美元。详见表 3-6。

表 3-6 2017—2021 年世界虾类进出口概况

年份	进出口		出口		进口	
	总量/万吨	总额/亿美元	总量/万吨	总额/亿美元	总量/万吨	总额/亿美元
2017	577.5	490.4	322.5	268.4	255.0	221.9
2018	616.9	495.5	339.6	263.4	277.3	232.2
2019	668.9	502.7	346.8	256.7	322.1	246.0
2020	647.7	479.7	331.2	243.5	316.5	236.2
2021	744.8	581.5	382.2	296.6	362.6	284.9

数据来源：FAO 统计数据库（FishStatJ）。

二、中国虾类生产和贸易概况

中国是世界虾类产品第一大生产国，近年来虾类产品年产量增长很快，2018 年中国虾产量达到 500 万吨以上，往后逐年递增。2022 年中国捕捞与养殖虾产量达到 707.6 万吨，其中淡水养殖虾产量 408.1 万吨、海水养殖虾产量 166.2 万吨（表 3-7），较十年前已实现翻倍式增长。这主要得益于中国从 2000 年开始引进南美白对虾，由于其抗病能力强、生长速度快，在国内迅速发展，拉动了中国虾类产量的逐年提高。

表 3-7 2018—2022 年中国虾类产量

单位：万吨

类别	年份				
	2018	2019	2020	2021	2022
淡水养殖虾类产量	268.1	315.2	348.2	377.6	408.1
淡水捕捞虾类产量	21.7	19.6	13.2	9.8	9.6
海水养殖虾类产量	140.9	145.0	148.8	157.2	166.2
海水捕捞虾类产量	131.0	127.1	120.6	121.4	123.8
总产量	561.7	606.8	630.7	666.1	707.6

数据来源：中国渔业统计年鉴。

虾类产品的出口贸易在国民经济发展和对外贸易中发挥着举足轻重的作用。2017—2021 年，中国虾类进出口总量与进出口总额呈波动式增长，2017—2019 年长势较快，2019 年进出口总量达 88.7 万吨，进出口总额达 63.0 亿美元（表 3-8），创历史新高。受疫情影响，2020 年进出口总量下滑，但 2021 年迅速回升。中国出口的虾类产品主要有冻对虾、冻小虾仁、制作或保藏的小虾及对虾、制作或保藏的淡水小龙虾仁、制作或保藏的带壳淡水龙虾等（表 3-9）。冻对虾的进口量占中国虾类进口总量的 80% 以上。在中国虾类出口贸易中，制作或保藏的小虾及对虾具有绝对的优势。尽管近年来中国虾类养殖水平不断提高，但虾类进出口贸易仍存在巨大的差异。随着中国虾类产品保鲜和初加工技术与条件的提升，出口虾类产品结构有所变化，在保持传统产品类型和品种优势的基础上，正向国际虾产品消费主流靠拢，产品结构有所改善，出口的虾类产品形式更加趋于多样化。

表 3 - 8 2017—2021 年中国虾类进出口概况

年份	进出口		出口		进口	
	总量/万吨	总额/亿美元	总量/万吨	总额/亿美元	总量/万吨	总额/亿美元
2017	33.4	31.4	21.5	22.9	11.9	8.6
2018	47.5	42.3	21.7	24.2	25.8	18.1
2019	88.7	63.0	16.5	18.3	72.2	44.7
2020	77.9	51.3	15.9	16.6	62.0	34.6
2021	84.4	61.6	18.0	21.1	66.4	40.6

数据来源：FAO 统计数据库（FishStatJ）。

表 3 - 9 2019—2021 年中国主要虾类产品进出口情况

单位：吨

产品类型	2019 年		2020 年		2021 年	
	出口量	进口量	出口量	进口量	出口量	进口量
鲜、冷对虾	1 419.2	0.2	1 155.6	/	1 180.5	/
冻对虾	5 448.7	573 612.4	4 216.3	487 239.3	4 692.9	571 150.0
冻大鳌虾及小龙虾	146.8	4 093.3	141.6	3 552.1	169.5	5 215.1
冻龙虾	57.6	2 833.9	7.2	1 949.8	10.9	1 280.5
冻小虾仁	3 069.2	174.4	1 919.2	120.6	2 213.4	178.0
冻对虾仁	443.7	741.8	603.3	932.9	631.8	1 013.3
制作或保藏的小虾及对虾	41 669.4	2 279.8	34 298.5	2 046.8	49 497.7	2 071.3
制作或保藏的龙虾	208.5	83.4	84.5	33.6	/	/
制作或保藏的淡水小龙虾仁	8 945.5	13 293.0	5 304.2	5 805.6	7 642.9	9 983.9
制作或保藏的带壳淡水龙虾	5 677.7	3 182.3	2 030.8	1 447.3	1 902.7	1 622.6
总计	67 086.3	600 294.5	49 761.2	503 128.0	67 942.2	592 514.7

数据来源：中国水产品进出口贸易统计年鉴。

注："/"代表数据缺失。

第三节
贝　　类

一、世界贝类生产和贸易概况

贝类作为水产品的主要品种之一，与鱼类的营养价值相比，其优势在于含有相对丰富的矿物元素、呈味氨基酸、多功能肽和活性糖苷等多种特异成分，这种特征决定了贝类在加工利用开发方面具有广阔的空间。21世纪以来，随着世界水产养殖技术和精深加工技术的革新，贝类产品的总产量和加工规模均呈现增长态势，在世界水产品生产和贸易中的重要地位日益凸显。2017—2021年，世界贝类总产量平稳增长，其中养殖总量占总产量的90%以上。2021年，世界贝类总产量达1 878.7万吨，其中养殖总量达1 709.7万吨（表3-10）。

表3-10　2017—2021年世界贝类产量

单位：万吨

年份	总产量	养殖总量	捕捞总量
2017	1 759.8	1 605.5	154.3
2018	1 790.9	1 626.0	164.9
2019	1 794.8	1 616.6	178.2
2020	1 809.2	1 652.1	157.1
2021	1 878.7	1 709.7	169.0

数据来源：FAO统计数据库（FishStatJ）。

在世界贝类产品市场供给和需求共同增长的双重推动下，贝类产品贸易量迅速增长。国际贸易中最主要的贝类品种为扇贝、蛤类、牡蛎、贻贝和鲍鱼等。在过去的20多年时间里，贝类产品在水产品国际贸易中占据了十分重要的地位，进出口贸易额占水产品国际贸易总额的10%以上。除2020年受新冠疫情影响，2017—2021年世界贝类进出口总量与进出口总额基本保持平稳。2021年世界贝类进出口总量达183.3万吨，进出口总额达98.8亿美元（表3-11），其中进口与出口的占比约各半。近年来，贝类产品需求较为稳定，消费者将其视作健康可持续的食品选择。

表 3 - 11　2017—2021 年世界贝类进出口概况

年份	进出口		出口		进口	
	总量/万吨	总额/亿美元	总量/万吨	总额/亿美元	总量/万吨	总额/亿美元
2017	181.3	97.5	95.1	53.2	86.2	44.3
2018	183.1	97.3	94.9	51.8	88.2	45.5
2019	187.4	94.8	97.6	50.1	89.8	44.7
2020	165.7	81.1	85.2	42.4	80.5	38.7
2021	183.3	98.8	89.9	50.1	93.4	48.7

数据来源：FAO 统计数据库（FishStatJ）。

二、中国贝类生产和贸易概况

中国贝类养殖有着悠久的历史，现代贝类养殖业起源于 20 世纪 60 年代，随着贝类养殖种类和养殖方式渐趋多样、养殖技术日益成熟及养殖面积不断扩大，中国贝类养殖产量和规模呈现逐年上升的趋势。目前，中国拥有世界上规模最庞大的贝类养殖产业，在贝类养殖生产方面占绝对优势。据《2023 中国渔业统计年鉴》记载，2022 年中国贝类总产量超过 1 638 万吨，占世界贝类总产量的 80% 以上，是世界上最大的贝类生产国。贝类增养殖是中国沿海海水养殖业的重要支柱之一。据统计，2022 年贝类养殖产量超过 1 600 万吨，占中国贝类总产量的 98.0%。其中海水养殖贝类产量 1 569.6 万吨（表 3 - 12）。海水贝类养殖业作为改革开放后最早发展起来的外向型水产养殖业，在中国沿海水产养殖中占有非常重要的地位。

表 3 - 12　2018—2022 年中国贝类产量

单位：万吨

类别	年份				
	2018	2019	2020	2021	2022
淡水养殖贝类产量	19.6	19.0	18.6	19.6	19.0
淡水捕捞贝类产量	21.2	20.5	17.1	14.1	13.2
海水养殖贝类产量	1 443.9	1 439.0	1 480.1	1 526.1	1 569.6
海水捕捞贝类产量	43.0	41.2	36.2	35.9	36.3
总产量	1 527.8	1 519.6	1 552.0	1 595.7	1 638.0

数据来源：中国渔业统计年鉴。

中国贝类产品在世界贝类贸易市场上占据重要地位。中国出口的贝类产品种类主要有活鲜冷的、冻的、制作或保藏的、冻干盐腌或盐渍的扇贝、牡蛎、蛤、贻贝和鲍鱼等。据中国水产品进出口贸易统计年鉴数据和 FAO 数据统计，2021 年扇贝、牡蛎、蛤、贻贝和鲍鱼五类相关产品的进出口总量达 31.8 万吨，占中国贝类进出口总量（34.0 万吨）的 93% 以上，进出口总额达 17.8 亿美元，占中国贝类进出口总额（18.6 亿美元）的 95% 以上（表 3 - 13）。在中国贝类出口中，出口量排前五位的贝类产品包括活鲜冷蛤、制作或保藏的蛤、冻扇贝、制作或保藏的鲍鱼和制作或保藏的扇贝（表3-14）。在中国进口贝类中，进口量排前五位的产品包括冻扇贝、冻蛤、鲜活冷扇贝、冻贻贝和活鲜冷牡蛎（表3-15）。

表3-13　2017—2021年中国贝类进出口概况

年份	进出口		出口		进口	
	总量/万吨	总额/亿美元	总量/万吨	总额/亿美元	总量/万吨	总额/亿美元
2017	27.3	17.4	21.9	3.5	5.4	13.9
2018	31.0	18.4	20.9	5.0	10.1	13.4
2019	30.2	16.6	20.5	4.6	9.8	12.0
2020	26.9	13.8	18.4	3.3	8.5	10.6
2021	34.0	18.6	21.1	5.0	12.9	13.7

数据来源：FAO统计数据库（FishStatJ）。

表3-14　2019—2021年中国主要贝类产品出口情况

产品类型	2019年		2020年		2021年	
	出口量/吨	出口额/万美元	出口量/吨	出口额/万美元	出口量/吨	出口额/万美元
活鲜冷牡蛎	917.9	244.8	1 621.1	316.7	1 323.0	589.2
活鲜冷扇贝	512.9	365.4	540.1	302.3	1 607.1	569.0
活鲜冷贻贝	61.7	21.1	50.7	16.9	81.1	29.3
活鲜冷蛤	74 339.9	11 114.6	66 074.9	9 548.4	60 077.9	10 159.9
活鲜冷鲍鱼	1 637.6	4 270.6	2 614.5	5 601.7	3 381.2	6 781.4
冻牡蛎	462.8	209.6	433.0	236.0	430.0	226.5
冻扇贝	20 143.6	24 221.4	17 675.7	19 033.8	24 088.5	27 861.8
冻贻贝	3 150.2	788.2	3 373.8	732.7	3 872.9	879.4
冻蛤	6 458.0	3 039.4	4 849.5	2 291.2	4 373.3	2 374.9
冻鲍鱼	609.3	2 119.1	318.2	967.2	591.8	1 265.6
冻、干、盐腌或盐渍牡蛎	7.0	0.2	131.0	441.9	123.3	669.6
冻、干、盐腌或盐渍扇贝	857.7	2 755.4	194.3	647.2	265.2	1 195.7
冻、干、盐腌或盐渍贻贝	46.0	194.9	48.6	98.6	40.7	39.3
冻、干、盐腌或盐渍蛤	363.3	123.6	253.6	102.5	486.1	202.3
冻、干、盐腌或盐渍鲍鱼	26.3	706.8	3.2	46.0	9.9	116.6
制作或保藏的牡蛎	6 432.7	5 252.4	8 194.9	6 302.3	7 868.9	7 728.4
制作或保藏的扇贝	8 958.3	11 850.9	8 810.8	12 381.7	9 442.5	12 821.7
制作或保藏的贻贝	7 687.8	2 449.8	6 069.1	172.2	8 033.0	2 252.9
制作或保藏的蛤	57 927.4	16 958.8	46 568.0	14 294.2	59 903.8	18 184.1

（续）

产品类型	2019 年		2020 年		2021 年	
	出口量/吨	出口额/万美元	出口量/吨	出口额/万美元	出口量/吨	出口额/万美元
制作或保藏的鲍鱼	7 232.8	29 988.6	9 001.4	27 680.5	11 985.8	35 632.1
合计	197 833.1	116 675.6	176 826.4	101 214.0	197 986.0	129 580.0

数据来源：中国水产品进出口贸易统计年鉴。

表 3-15　2019—2021 年中国主要贝类产品进口情况

产品类型	2019 年		2020 年		2021 年	
	进口量/吨	进口额/万美元	进口量/吨	进口额/万美元	进口量/吨	进口额/万美元
活鲜冷牡蛎	3 623.4	3 827.7	2 094.2	2 406.4	2 749.2	3 292.2
活鲜冷扇贝	5 394.1	2 388.5	3 308.2	1 016.0	6 784.9	1 877.3
活鲜冷贻贝	1 002.4	492.9	2 465.9	1 021.5	2 539.7	1 081.0
活鲜冷蛤	363.3	80.9	3 468.4	815.0	1 332.0	231.2
活鲜冷鲍鱼	922.5	5 576.6	858.1	4 253.6	985.5	5 507.8
冻牡蛎	728.7	364.5	416.4	225.3	368.1	227.2
冻扇贝	61 967.1	19 642.3	55 448.3	11 904.2	92 067.6	23 463.7
冻贻贝	3 786.3	2 158.6	5 134.8	2 957	4 393.2	2 410
冻蛤	5 923.3	6 046	4 546.9	4 509	6 833.1	5 968.7
冻鲍鱼	205.7	920.7	285.6	540.1	310.6	1 333.1
冻、干、盐腌或盐渍牡蛎	0	0	0.1	0.1	0	0
冻、干、盐腌或盐渍扇贝	107.9	183.9	32.8	81.2	126.4	339.9
冻、干、盐腌或盐渍贻贝	0.7	1.6	1.6	8.6	160.5	43
冻、干、盐腌或盐渍蛤	/	/	12.6	2.8	/	/
冻、干、盐腌或盐渍鲍鱼	31.8	231	20.8	190.3	8.8	481
制作或保藏的牡蛎	20.5	29.3	24.6	31.8	5.4	17.8
制作或保藏的扇贝	1 770.3	1 185.8	1 654.5	1 014.3	910.6	945.1
制作或保藏的贻贝	1 118.7	284.7	674.3	195.2	575.2	152.5
制作或保藏的蛤	206.9	85.4	165.2	52.3	41.1	59
制作或保藏的鲍鱼	33.9	92.3	41.5	184.7	83.7	356.3
合计	87 207.5	43 592.7	80 654.8	31 409.4	120 275.6	47 786.8

数据来源：中国水产品进出口贸易统计年鉴。
注："/"表示数据缺失。

第四节

蟹　　类

一、世界蟹类生产和贸易概况

蟹与虾齐名，属甲壳动物十足目爬行亚目。海水蟹中最主要的是梭子蟹科的种类，如中国和日本近海的三疣梭子蟹、印度洋-西太平洋区的常见种锯缘青蟹。其次是属于蜘蛛蟹类的雪蟹及其近似种太平洋雪蟹。淡水蟹则以中华绒螯蟹为典型代表。2017—2021 年，世界蟹类生产总量波动较大，整体呈波动下降趋势，2021 年总产量达 201.3 万吨；捕捞总量在 2019 年达到高峰 55.0 万吨，随后受新冠疫情影响总量下降；养殖总量 2017 年达188.2 万吨，其中中华绒螯蟹的产量约占养殖总量一半，随后几年逐年下降，2021 年略回升。详见表 3-16。

表 3-16　2017—2021 年世界蟹类产量

单位：万吨

年份	总产量	捕捞总量	养殖总量
2017	228.9	40.7	188.2
2018	204.6	40.9	163.7
2019	220.3	55.0	165.3
2020	192.4	42.6	149.8
2021	201.3	42.8	158.6

数据来源：FAO 统计数据库（FishStatJ）。

在世界蟹类贸易中，加拿大、美国、泰国、韩国、中国、英国是主要的蟹类出口国，日本、美国、法国和西班牙是主要的蟹类进口国。与世界蟹类总产量相比，世界蟹类进出口总量占总产量的 40% 以上，是重要的水产贸易品种。2017—2021 年，世界蟹类的进出口总量维持在较平稳状态，但进出口额有显著增高。2021 年进出口总量达 86.6 万吨，进出口总额达 155.9 亿美元（表 3-17）。与 2017 年相比，进出口总量变化不大，但进出口总额增长约 50%。

表 3 - 17　2017—2021 年世界蟹类进出口概况

年份	进出口		出口		进口	
	总量/万吨	总额/亿美元	总量/万吨	总额/亿美元	总量/万吨	总额/亿美元
2017	87.0	103.4	46.3	53.2	40.7	50.2
2018	85.2	113.0	44.0	55.5	41.2	57.6
2019	83.5	113.0	42.1	54.9	41.4	58.1
2020	76.1	105.2	38.1	51.2	38.0	54.0
2021	86.6	155.9	43.6	77.7	43.0	78.2

数据来源：FAO 统计数据库（FishStatJ）。

二、中国蟹类生产和贸易概况

中国是世界上最重要的蟹类生产国之一，曾多年总产量居世界首位。无论养殖或捕捞方面，中国蟹类产业均已具备相当规模，具有绝对的产量优势。2018—2022 年，中国蟹类总产量基本保持稳定，2022 年总产量达 178.1 万吨。淡水养殖蟹类产量逐年增长，2022 年达 81.5 万吨，对中国蟹类总产量贡献率达 45.8%；其次为海水捕捞方式，2022 年海水捕捞蟹类产量达 64.8 万吨，近五年维持在较平稳状态。详见表 3 - 18。

表 3 - 18　2018—2022 年中国蟹类产量

单位：万吨

类别	年份				
	2018	2019	2020	2021	2022
淡水养殖蟹类产量	75.7	77.9	77.6	80.8	81.5
淡水捕捞蟹类产量	4.2	3.9	3.0	2.5	2.8
海水养殖蟹类产量	29.4	29.4	28.8	28.3	29.1
海水捕捞蟹类产量	66.9	64.7	60.4	64.7	64.8
总产量	176.2	175.9	169.8	176.3	178.1

数据来源：中国渔业统计年鉴。

中国在世界蟹类贸易发展进程中发挥着越来越显著的作用。2017—2021 年，中国蟹类的进出口总量整体呈走低趋势。中国蟹类进口量呈波动式增长，2021 年进口量达 8.5 万吨，进口额达 9.6 亿美元；出口量持续降低，2021 年出口量达 5.2 万吨，远低于进口量，出口额达 6.7 亿美元（表 3 - 19）。中国出口的蟹类产品主要有冻梭子蟹、制作或保藏的蟹等。在中国蟹类出口贸易中，冻梭子蟹占总出口量的 40% 以上，其次为制作或保藏的蟹；在中国蟹类进口贸易中则以鲜、活或冷的蟹为主（表 3 - 20）。中国蟹类出口量与生产总量相比存在巨大差异，说明中国蟹类在出口贸易中还存在很大差距，应从产品质量、种类等方面进一步提升国际市场优势，拓展国际市场规模。

表 3-19　2017—2021 年中国蟹类进出口概况

年份	进出口		出口		进口	
	总量/万吨	总额/亿美元	总量/万吨	总额/亿美元	总量/万吨	总额/亿美元
2017	15.1	18.8	7.5	11.1	7.6	7.7
2018	15.4	21.1	7.3	10.3	8.2	10.8
2019	13.3	16.2	5.9	6.3	7.4	9.9
2020	11.7	15.2	4.9	5.6	6.8	9.6
2021	13.7	16.4	5.2	6.7	8.5	9.6

数据来源：FAO 统计数据库（FishStatJ）。

表 3-20　2019—2021 年中国主要蟹类产品进出口情况

单位：吨

产品类型	2019 年		2020 年		2021 年	
	出口量	进口量	出口量	进口量	出口量	进口量
鲜、活或冷的中华绒螯蟹	4 954.9	0.7	5 868.3	0.0	4 915.6	0.0
鲜、活或冷的梭子蟹	24.3	1 177.9	268.3	525.7	219.1	567.3
其他鲜、活或冷的蟹	896.0	54 795.1	1 161.6	50 893.3	1 027.8	69 283.7
冻梭子蟹	30 026.1	976.0	21 686.2	1 919.3	22 909.6	2 760.1
其他冻蟹	7 226.8	15 988.1	6 258.3	13 343.4	5 611.6	12 180.7
制作或保藏的蟹	15 534.9	940.7	13 534.0	1 053.3	14 493.0	391.4
合计	58 663.0	73 878.5	48 776.7	67 735.0	49 176.7	85 183.2

数据来源：中国水产品进出口贸易统计年鉴。

第五节
藻　类

一、世界藻类生产和贸易概况

藻类素有"海洋蔬菜"和"长寿菜"之称，具有独特的风味和营养价值，是优质的健康食品，目前可供人类食用的藻类有 70 余种，其中大型经济海藻主要包括褐藻（如海带、裙带菜、马尾藻等）、红藻（如紫菜、石花菜、江蓠等）、绿藻（如条浒苔、石莼、礁膜等）。微藻则是一类在陆地、海洋分布广泛，营养丰富且光合利用率高的微型自养植物，微藻种类繁多，目前已实现产业化的经济微藻包括螺旋藻、小球藻、雨生红球藻等。

藻类产品种类丰富，且富含多种营养物质，不仅可以作为食品和饲料食用，还是医药、纺织、化工产业的重要原料，此外，养殖藻类还具有重要的生态价值，因此藻类产业作为水产业的一个重要组成部分，是一个世界性迅速发展的产业。FAO 统计数据显示，2017—2021 年，全球藻类产量平稳上升（表 3 - 21），平均年产量维持在 3 526.9万吨（以湿重计），其中养殖业贡献了 3 417.6 万吨（海水养殖 3 308.4 万吨、淡水养殖 6.99 万吨、半咸水养殖 102.2 万吨），占总产量的 96.9%，野生藻类的捕捞产量仅为 110 万吨左右。

表 3 - 21　2017—2021 年世界藻类产量及产值

年份	藻类总产量/万吨	捕捞产量/万吨	养殖产量/万吨	总产值/亿美元
2017	3 373.5	112.7	3 260.8	123.0
2018	3 438.2	95.0	3 343.3	134.4
2019	3 567.3	108.6	3 458.7	147.3
2020	3 624.2	116.3	3 507.9	151.5
2021	3 631.1	114.0	3 517.1	154.5

数据来源：FAO 统计数据库（FishStatJ）。

2017—2021 年藻类总产量排前十位的国家包括中国、印度尼西亚、韩国、菲律宾、朝鲜、日本、智利、马来西亚、挪威、坦桑尼亚，以上 10 个国家的藻类产量总和占全球总产量的 99% 以上。中国是全球最大的藻类生产国，2021 年中国藻类总产量为 2 178.9万吨（以湿重计），占全球藻类总产量的 61.8%。详见表 3 - 22。

表 3 - 22　2017— 2021 年藻类总产量排前十位的国家

单位：万吨

国别	年份				
	2017	2018	2019	2020	2021
中国	1 773.7	1 875.9	2 035.1	2 108.3	2 178.9
印度尼西亚	1 059.4	1 036.4	984.3	968.2	914.8
韩国	177.0	171.9	182.0	176.9	185.3
菲律宾	141.6	147.9	150.0	146.9	134.4
朝鲜	55.3	60.3	60.3	60.3	60.3
日本	47.8	47.0	41.3	46.2	40.4
智利	43.2	26.8	42.8	42.9	41.2
马来西亚	20.3	17.4	18.8	18.2	17.9
挪威	16.5	17.1	16.4	15.3	16.0
坦桑尼亚	11.0	10.4	9.7	9.0	7.7
小计	3 345.7	3 411.1	3 540.8	3 592.2	3 596.8

数据来源：FAO 统计数据库（FishStatJ）。

近年来，藻类作为一种可持续、营养健康的食品来源越来越受到全球消费者的推崇。亚洲国家在开发利用藻类生物资源等方面有悠久的历史，在欧美国家，藻类作为普通食品和膳食补充剂也逐渐端上国外消费者餐桌，成为欧美市场上的新型食品。2021 年世界各国对食用藻类及其加工品的需求量超过 1 000 万吨，全球藻类产业的年产值达到 142.1 亿美元，其中约 85% 是直接或间接供人类消费的食品，藻类提取物（褐藻胶、琼胶、卡拉胶、藻酸盐及其酯类等）也是贸易收入的重要来源，占世界亲水胶体市场的近 40%。

在当前国内国际双循环的新发展格局下，在市场供给与需求共同推动下，藻类产品国际贸易迅速发展，藻类在全球水产品贸易中的份额逐年提高。据 FAO 全球水产贸易统计数据记载，2017—2021 年全球藻类产品进出口贸易总量稳步增长，到 2021 年超过 120 万吨，贸易额接近 30 亿美元（表 3 - 23），丝毫未受到近年来水产品国际贸易低迷的大环境影响，一直保持良好的发展势头。在全球藻类生产和加工蓬勃发展的背景下，藻类养殖产量创历史新高，将在提供优质食物来源方面发挥日益重要的作用，如今急需应对国际贸易和市场需求带来的新挑战。

表 3 - 23　2017—2021 年世界藻类产品进出口概况

年份	进出口		出口		进口	
	总量/万吨	总额/亿美元	总量/万吨	总额/亿美元	总量/万吨	总额/亿美元
2017	102.4	25.7	48.1	11.6	54.3	14.1
2018	107.1	26.8	50.2	12.0	56.9	14.8
2019	112.7	26.2	50.9	11.8	61.8	14.4
2020	113.2	24.4	50.7	10.9	62.5	13.5
2021	121.8	27.6	54.6	12.3	67.2	15.3

数据来源：FAO 统计数据库（FishStatJ）。

二、中国藻类生产和贸易概况

中国藻类产业发展具有得天独厚的资源和区位优势，藻类的养殖产量和加工规模多年来稳居世界首位。据《2023 中国渔业统计年鉴》记载，2022 年中国藻类总产量主要为养殖产量达到 274.3 万吨（以干重计），其中海藻养殖产量为 271.4 万吨，主要品种有海带、江蓠、裙带菜、紫菜和羊栖菜，以上五个品种的产量（249.9 万吨）占据中国海藻养殖总产量的 92%（表 3-24）；淡水藻类产量较少，仅为 1 万吨左右。中国藻类捕捞产量不足 2 万吨。从养殖地域来看，中国藻类养殖主要集中在福建省、山东省和辽宁省，藻类养殖区域集度较高。其中，福建省藻类产量最高，市场占比约为 45%；其次是山东省，占比为 25%；辽宁省占比为 20%。三省产量占中国藻类总产量的 90%以上。

表 3-24   2017—2022 年中国主要海藻养殖品种

单位：万吨

养殖品种	年份					
	2017	2018	2019	2020	2021	2022
海带	148.7	152.2	162.4	165.2	174.2	143.1
江蓠	30.9	34.8	33.0	36.9	39.9	61.1
紫菜	17.3	21.2	21.2	22.2	19.9	21.8
裙带菜	16.7	17.6	20.2	22.6	21.2	20.6
羊栖菜	2.0	2.3	2.7	2.7	3.1	3.3

数据来源：中国渔业统计年鉴。

中国不仅是藻类生产大国，也是藻类消费和贸易大国。近年来随着藻类加工业快速发展和居民饮食结构改变，中国藻类消费需求量持续攀升。另外，近年来中国藻类进出口贸易不断增加，呈现量额双增的良好发展势头，中国藻类进出口贸易品种的侧重点不同，通过差异化竞争模式，有利于提升国内产品核心竞争力。

据中国水产品进出口贸易统计年鉴记载，2017—2021 年，中国藻类产品的年平均出口量为 7.7 万吨，出口额为 4.8 亿美元。中国出口量排前五位的藻类产品包括未列名制作或保藏的藻类制品、盐渍裙带菜、盐渍海带、烤紫菜、其他裙带菜，而出口额排前五位的藻类产品包括烤紫菜、未列名制作或保藏的藻类制品、调味紫菜、盐渍裙带菜、盐渍海带（表 3-25），主要出口到日本、韩国、美国、中国台湾、俄罗斯等市场。其中，中国条斑紫菜加工的干紫菜、烤紫菜和调味紫菜产品的出口规模整体呈上升趋势，约占紫菜产品国际市场贸易总量的 50%以上，是藻类产品国际贸易中出口创汇最高的品种。

表 3 - 25　2017—2021 年不同类型藻类产品出口情况

产品类型	2017 年		2018 年		2019 年		2020 年		2021 年	
	出口额/万美元	出口量/吨	出口额/万美元	出口量/吨	出口额/万美元	出口量/吨	出口额/万美元	出口量/吨	出口额/万美元	出口量/吨
海带	1 664.0	4 934.1	1 630.4	5 003.6	1 777.1	5 062.2	1 697.0	4 515.3	1 511.3	3 163.6
盐渍海带	5 009.6	9 660.0	4 760.7	11 172.4	4 246.8	11 358.7	4 698.9	10 641.3	4 077.6	8 763.9
干紫菜	1 458.8	826.8	3 228.0	2 009.9	2 086.0	1 148.2	2 339.5	1 361.8	2 350.4	1 360.5
调味紫菜	15 851.5	5 025.9	7 009.3	2 750.2	5 454.3	2 404.3	5 590.5	2 311.6	8 153.2	2 932.3
烤紫菜	/	/	15 686.1	6 444.9	14 408.8	5 737.2	12 785.9	5 398.1	16 685.0	6 786.9
干裙带菜	48.0	50.7	33.1	42.1	6.2	7.0	6.0	13.6	9.8	14.4
盐渍裙带菜	5 715.8	20 118.1	4 866.4	19 080.4	3 925.1	17 224.6	3 674.7	16 926.2	4 767.8	17 257.5
其他裙带菜	463.5	4 625.5	380.9	3 995.0	939.8	9 362.2	696.6	7 322.0	662.8	6 465.9
干麒麟菜	/	/	2.46	2.41	1.4	3.3	/	/	87.8	572.0
干江蓠	121.9	814.2	110.9	658.0	29.4	212.1	11.1	66.5	26.9	378.1
未列名适合食用的藻类	285.3	659.8	316.4	926.2	332.8	648.7	302.5	590.8	332.3	766.5
其他不适合食用的藻类	372.8	1 511.8	370.9	1 796.2	303.7	1 992.3	203.0	1 052.2	338.7	1 354.1
未列名制作或保藏的藻类制品	17 914.7	23 643.5	13 826.7	25 738.0	11 344.1	24 654.1	10 512.7	22 650.5	13 848.3	30 240.9
藻酸及其盐、酯	42.4	35.6	54.1	60.5	41.9	36.6	48.0	48.2	54.63	55.0
合计	48 948.3	71 906.0	52 276.4	79 679.8	44 897.4	79 851.5	42 566.4	72 898.1	52 906.5	80 111.6

数据来源：中国水产品进出口贸易统计年鉴。

注："/"表示数据缺失。

据中国水产品进出口贸易统计年鉴记载，2017—2021 年中国藻类产品的年平均进口量为 27.5 万吨，进口额为 4.4 亿美元。中国进口量排前五位的藻类产品包括干麒麟菜、其他不适合供人食用的藻类、干江蓠、马尾藻、盐渍裙带菜，而进口额排前五位的藻类产品包括干麒麟菜、其他不适合供人食用的藻类、调味紫菜、干紫菜、干江蓠（表 3 - 26），主要从印度尼西亚、菲律宾、越南、日本、韩国等国家进口。其中从东南亚国家进口的干麒麟菜、干江蓠、马尾藻及其他不适合供人食用的藻类，主要用于提取褐藻胶、琼胶、卡拉胶三大海藻胶产品。

表 3 - 26　2017—2021 年不同类型藻类产品进口情况统计

产品类型	2017 年		2018 年		2019 年		2020 年		2021 年	
	进口额/万美元	进口量/吨	进口额/万美元	进口量/吨	进口额/万美元	进口量/吨	进口额/万美元	进口量/吨	进口额/万美元	进口量/吨
海带	71.7	125.8	72.6	121.2	93	158.1	65.7	109.5	75.9	108.4

（续）

产品类型	2017 年		2018 年		2019 年		2020 年		2021 年	
	进口额/万美元	进口量/吨	进口额/万美元	进口量/吨	进口额/万美元	进口量/吨	进口额/万美元	进口量/吨	进口额/万美元	进口量/吨
盐渍海带	14.8	57.1	6.91	14.3	17.2	73.5	18.7	35.1	17.8	38.7
干紫菜	2 815.8	1 445.8	866.5	649.5	4 359.5	3 375.1	2 043.2	2 022.9	4 463.2	4 067.2
调味紫菜	11 226.5	4 017.9	11 164.8	3 635.5	11 130.1	3 798.4	9 841.1	3 299.2	8 096.8	2 990.5
烤紫菜	/	/	930.7	320.3	151.5	66.7	118.3	59.6	121.2	188.0
干裙带菜	15.4	124.6	13.4	11.2	41.8	99.4	62.5	104.7	85.8	87.0
盐渍裙带菜	229.1	9 526.5	290.1	8 105.2	31.8	1 954.8	209.3	6 042.8	110.6	3 174.4
其他裙带菜	/	/	/	/	161.7	4 752.0	/	/	/	/
干麒麟菜	10 849.5	94 992.9	14 920.7	93 337.3	17 264.1	100 759.7	14 654.5	112 312.4	16 304.3	120 481.6
其他麒麟菜	158.7	1 471.7	195.9	1 365.3	202.0	1 355.6	161.12	1 354.4	118.7	1 017.0
干江蓠	2 925.4	37 556.8	2 947.4	43 228.6	2 335.5	43 675.0	1 989.0	33 452.8	2 327.8	35 280.7
马尾藻	644.2	21 697.6	567.5	21 248.2	555.0	21 394.1	646.3	23 366.7	1 530.7	44 700.5
未列名适合供人食用的藻类	89.4	253.1	142.4	360.3	130.0	251.1	75.5	219.8	44.7	92.0
其他不适合供人食用的藻类	13 210.6	92 418.6	10 637.6	82 266.0	9 014.2	85 734.5	9 622.6	87 201.9	14 098.7	104 866.0
未列名制作或保藏的藻类制品	93.4	31.2	181.0	121.8	74.5	156.1	26.7	32.3	65.6	31.6
藻酸及其盐、酯	279.3	121.5	377.3	170.4	340.6	121.1	371.9	143.7	383.5	121.4
合计	42 623.8	263 841.1	43 314.8	254 955.1	45 902.5	267 725.2	39 906.6	269 757.8	47 845.3	317 245.0

数据来源：中国水产品进出口贸易统计年鉴。

注："/"表示数据缺失。

　　总之，藻类产业是中国海洋渔业中发展最快、活力最强、效益最高的产业之一，在解决"三农"问题等方面发挥了巨大作用，是推动中国沿海渔业经济持续发展的重要动力。中国具有藻类资源本土优势，为藻类产品的开发提供了基础，但在加工方面多以低端初级产品为主，未来国内企业应充分发挥藻类产业集群优势，加强产业链内及链间经济主体的资源共享与合作。根据区域市场特性和消费群体需求特性实施产品差异化和细分化发展策略，加快培育具有国际竞争力的核心企业，探索"核心企业＋中小企业集群＋平台服务"等发展模式，以产业整体效应带动企业个体成长，提升中国藻类产品的国际影响力与竞争力。

第六节
头 足 类

一、世界头足类生产和贸易概况

头足类主要由鱿鱼（包括枪乌贼和柔鱼等）、墨鱼和章鱼等组成，几乎全部为野生捕捞。据统计，捕捞的渔获量中鱿鱼约占总量的75%，章鱼和墨鱼各占7%~8%，其他占10%左右。2010—2015年头足类平均年捕获量为397.6万吨，占世界海洋渔获量的5%以上，自2016年起，受厄尔尼诺等自然灾害影响，全球尤其是阿根廷、秘鲁等海域的水产品减产严重，头足类捕捞量大幅下滑。2017—2021年头足类平均年捕获量为374.9万吨，平均年产值为102.4亿美元，世界头足类总捕捞产量总体上呈现波动上升态势（表3-27）。

表3-27　2017—2021年世界头足类产量及产值

年份	总产量/万吨	总产值/亿美元
2017	377.0	94.2
2018	363.2	101.7
2019	367.1	101.3
2020	374.2	102.7
2021	393.0	112.3

数据来源：FAO统计数据库（FishStatJ）。

在市场供给与需求的共同推动下，水产品国际贸易快速扩张，头足类在全球贸易中的份额逐年提高，2016年头足类捕捞量下滑直接带来贸易量下降，但贸易价格却出现较大幅度上涨。根据FAO全球水产贸易统计数据记载，2016年，全球头足类贸易量为374.2万吨，贸易额为161.9亿美元。2017—2019年，头足类水产品国际贸易逐渐回暖，但是2020年受新冠疫情影响，头足类国际贸易骤减。随着疫情逐步得到控制，渔业市场又逐渐恢复，2021年，鱿鱼、墨鱼和章鱼等头足类的进出口贸易量陡增，达到490万吨，贸易额达到237.3亿美元，创历史新高（表3-28）。

表 3-28　2017—2021 年世界头足类水产品进出口概况

年份	进出口		出口		进口	
	总量/万吨	总额/亿美元	总量/万吨	总额/亿美元	总量/万吨	总额/亿美元
2017	436.6	202.7	228.6	109.7	208.0	93.0
2018	424.6	225.5	221.8	120.9	202.8	104.6
2019	453.8	212.8	234.3	113.9	219.5	98.9
2020	412.6	187.3	214.5	102.3	198.1	85.0
2021	490	237.7	251.4	130.8	238.6	106.9

数据来源：FAO统计数据库（FishStatJ）。

从 2017—2021 年全球头足类水产品出口情况统计数据来看，鱿鱼及墨鱼类约占 85%，章鱼类约占 15%。在所有的贸易产品中，冷冻、干制、烟熏、盐渍等初级加工头足类产品一直占据主导地位，占出口总量的 72.5%，其次是罐装产品、裹粉产品等深加工产品，占出口总量的 24.5%，鲜活冷藏类产品相对较低，仅占 3.0%（表 3-29）。头足类产品主要生产国和出口国包括中国、印度、摩洛哥和秘鲁，主要的进口国（地区）包括中国、欧盟（尤其是意大利和西班牙）、日本、韩国和泰国。

表 3-29　2017—2021 年不同类型头足类水产品出口情况

单位：万吨

产品类型	年份				
	2017	2018	2019	2020	2021
鲜、活、冷藏鱿鱼、墨鱼	7.6	6.1	7.0	7.5	6.0
冷冻鱿鱼、墨鱼	160.4	155.6	167.4	152.8	179.8
干制、腌制、盐渍、烟熏的鱿鱼、墨鱼和章鱼	6.4	3.9	3.3	2.3	2.1
制作或保藏的头足类产品	54.2	56.2	56.6	51.9	63.5
合计	228.6	221.8	234.3	214.5	251.4

数据来源：FAO统计数据库（FishStatJ）。

从需求角度来讲，头足类消费与地域性、民族性及经济发展水平相关，因此，根据进口国消费者需求特征，出口国根据自身具备的优势开展针对性的贸易活动，并且随着消费者多样化需求的不断显现，迎合市场需要的深加工风味头足类产品（尤其是章鱼类）贸易渐趋活跃。

二、中国头足类生产和贸易概况

中国是头足类水产品的最大生产国，产量占全球总量的 30% 左右。中国头足类出口额占全球该类产品出口额的比例平均高达 39.77%，是头足类出口第一大国。头足类作为中国优势出口水产品，在优化渔业产业结构、提升渔业国际竞争力等方面发挥了积极的作用。2015—2019 年，中国头足类水产品贸易经历了先快速增长后增速放缓再平稳增长的阶段，呈现持久稳定的增长态势。头足类水产品出口量一直位于中国所有水产品的前列，出口市场主要集中在日本、韩国、美国、中国香港、西班牙、泰国、菲律宾等。

然而随着国际市场多样化需求不断显现，各进口市场的需求结构更加复杂，而且由于近年来大量渔业管理措施出台，原料供应不足导致全球头足类贸易市场规模缩小，2017—2020年，中国头足类的国际市场份额和出口增长率也呈下降趋势，到2021年中国头足类水产品的进出口贸易量略有回升。详见表3-30。

表3-30 2017—2021年中国头足类捕捞产量及进出口贸易情况

年份	总产量/万吨	出口量/万吨	出口额/亿美元	进口量/万吨	进口额/亿美元
2017	61.66	55.86	36.47	29.10	6.30
2018	56.99	56.82	39.48	23.78	6.87
2019	56.92	52.21	36.37	40.51	10.45
2020	56.49	48.23	35.87	31.92	7.83
2021	58.55	58.76	45.83	49.41	11.28

数据来源：中国渔业统计年鉴和FAO统计数据库（FishStatJ）。

中国是头足类水产品的消费和进口大国。从进口来源来看，主要有秘鲁、朝鲜、韩国、美国、新西兰及中国台湾等，各进口来源所占比例相当；从进口产品类别来看，基本是冷冻、干制、烟熏、盐渍类产品，加工制作类数量较少，进口的品种基本为茎柔鱼和太平洋褶柔鱼，价格偏低，作为来进料加工原料经进一步加工后再度出口或国内销售。

总之，中国头足类水产品在国际市场上的竞争优势明显，质（价格）与量（市场占有率）均具有较强的市场竞争力，这也是中国在国际市场需求疲软、水产品消费萎缩背景下，实施"调结构、保质量、创特色"发展战略的绩效体现，但成本提升、汇率波动、结构性产能过剩、同构竞争等问题需要高度关注。

CHAPTER 4 | 第四章

中国水产品贸易主要省份情况

中国水产品贸易内部受区位条件、产业结构及资源禀赋的影响，基本形成了以沿海经济带为主体、以山东半岛和"珠三角"地区为核心的"一带两核"贸易格局。中国水产品加工行业地域差别明显，水产品加工企业大多分布在东部海运发达地区。2022年，中国水产品加工企业总计9 331家，水产冷库8 675座。山东、广东、福建、浙江、江苏、辽宁水产品加工企业数量占中国水产品加工企业的80%以上。

第一节
水产品贸易主要省份综述

一、主要省份水产品贸易规模

2022年，水产品贸易额超过10亿美元的省份有8个，分别为福建、山东、广东、浙江、辽宁、上海、北京和天津（图4-1），较2018年增加1个，贸易额占中国水产品贸易总额的89.1%；水产品贸易额在1亿～10亿美元的省份有12个，较2018年增加2个，贸易额占中国水产品贸易总额的10.4%；水产品贸易额在1亿美元以下的省份有11个，贸易额占中国水产品贸易总额的0.5%。

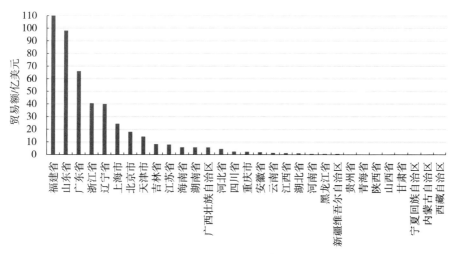

图4-1 2022年中国各省（自治区、直辖市）水产品贸易额

数据来源：中国海关总署官网。本章后图同。

2022年，水产品出口额居前五位的省份依次是福建、山东、广东、辽宁、浙江，合计占中国水产品出口总额的90.9%，较2018年增长0.9个百分点，五省份出口额均在18亿美元以上；进口额居前五位的省份依次是山东、广东、福建、上海、浙江，合计占中国水产品进口总额的60.1%，较2018年增长4.7个百分点，五省份进口额均在21亿美元以上。

二、2018—2022 年中国水产品贸易主要省份变化情况

2022 年 25 个省份水产品贸易额较 2018 年增加，增幅在前五位的分别为青海、山西、甘肃、贵州、重庆，增幅超过 1 倍的省份有 11 个。6 个省份贸易额较 2018 年下降，分别为内蒙古、江西、辽宁、湖北、北京、安徽，降幅分别为 93.4%、45.9%、23.1%、9.2%、7.6%、2.5%。

2022 年 18 个省份水产品出口额较 2018 年增加，增幅在前五位的分别为宁夏、青海、内蒙古、重庆、湖南，增幅超过 1 倍的省份有 8 个。13 个省份出口额较 2018 年下降，分别为黑龙江、山西、江西、湖北、新疆、上海、江苏、辽宁、北京、广东、浙江、安徽、天津，降幅分别为 94.8%、71.5%、64.8%、52.1%、47.8%、40.4%、24.9%、23.9%、21.9%、12.3%、12.0%、9.0%、3.6%。

2022 年 26 个省份水产品进口额较 2018 年增加，增幅在前五位的分别为贵州、山西、甘肃、天津、重庆，增幅超过 1 倍的省份有 14 个。4 个省份进口额较 2018 年下降，分别为内蒙古、宁夏、辽宁、北京，降幅分别为 98.3%、83.3%、21.9%、7.4%。

第二节
福 建 省

一、2018—2022 年福建省水产品贸易总体情况

2022 年福建省水产品进出口总量达 218.5 万吨（图 4-2），占中国水产品进出口总量的 21.4%，较 2018 年增长 27.5%。其中，进口量 118.1 万吨，占中国水产品进口量的 18.3%，较 2018 年增长 47.4%；出口量 100.4 万吨，占中国水产品出口量的 26.7%，较 2018 年增长 10%。

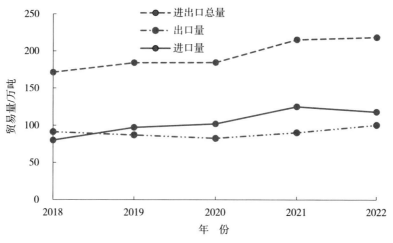

图 4-2 2018—2022 年福建省水产品进出口量变化

福建省水产品贸易额稳步增长，贸易额由 2018 年的 78.7 亿美元增加到 2022 年的 114.5 亿美元（图 4-3），年均增长 9.8%。其中，进口额从 14.7 亿美元增加到 29.0 亿美元，年均增长 12.4%；出口额从 64.0 亿美元增加到 85.5 亿美元，年均增长 7.5%；贸易顺差由 49.3 亿美元增加至 56.5 亿美元。

福建省水产品贸易额占中国水产品贸易总额的 24.5%，较 2018 年增长 3.4 个百分点，位居中国第一。其中，出口额占中国水产品出口总额的 37.2%，增长 8.5 个百分点，位居中国第一；进口额占中国水产品进口总额的 12.2%，增长 2.4 个百分点，位居中国第三。

从贸易额变量情况来看，仅 2019 年下降，其他年份增长。其中，2021 年增速最快，

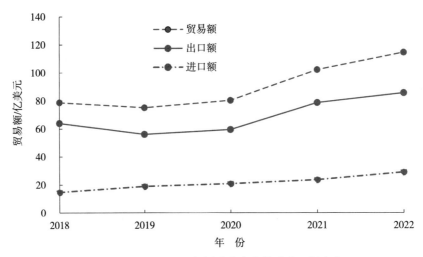

图 4-3   2018—2022 年福建省水产品进出口额变化

为 27.4%。从进口额变化情况来看，每年均增长。其中，2019 年增速最快，为 28.7%。从出口额变化情况来看，仅 2019 年同比下降，其他年份均增长。其中，2021 年增速最快，为 32.3%。

二、2022 年福建省水产品贸易情况

2022 年福建省水产品贸易额同比增长 12.2%，较 2021 年下降 15.2 个百分点；进口额同比增长 23.2%，较 2021 年提高 9.8 个百分点；出口额同比增长 8.9%，较 2021 年下降 23.4 个百分点。

2022 年福建省前五大进口水产品分别是饲料用鱼粉、对虾、墨鱼及鱿鱼、麒麟菜和鳗鱼，进口额合计 21.2 亿美元，占全省水产品进口额的 73.1%。其中，墨鱼及鱿鱼进口额同比下降 9.8%，饲料用鱼粉、对虾、麒麟菜和鳗鱼进口额分别同比增长 4.6%、118.6%、89.7%和 268.8%。前五大出口水产品分别是墨鱼及鱿鱼、鳗鱼、鲍鱼、鲭鱼和黄鱼，出口额合计 46.3 亿美元，占全省水产品出口额的 53.9%。其中，鳗鱼出口额同比下降 10.9%，墨鱼及鱿鱼、鲍鱼、鲭鱼和黄鱼出口额分别同比增长 20.4%、15.4%、76.5%和 3.6%（表 4-1）。

表 4-1   2022 年福建省主要贸易水产品贸易情况

出口商品	出口额/亿美元	同比增长/%	占比/%	进口商品	进口额/亿美元	同比增长/%	占比/%
墨鱼及鱿鱼	29.3	20.4	34.2	饲料用鱼粉	12.2	4.6	42.1
鳗鱼	6.7	−10.9	7.8	对虾	3.9	118.6	13.5
鲍鱼	4.1	15.4	4.7	墨鱼及鱿鱼	2.5	−9.8	8.5
鲭鱼	3.4	76.5	4.0	麒麟菜	1.8	89.7	6.1
黄鱼	2.8	3.6	3.2	鳗鱼	0.8	268.8	2.9

数据来源：中国海关总署官网。本章后表同。

2022 年福建省水产品前五大出口市场分别是泰国、马来西亚、中国台湾、菲律宾、韩国，出口额合计占全省水产品出口额的 63.4%，出口额分别同比增长 9.9%、32.6%、7.7%、0.1%、30.5%。前五大进口来源地分别是秘鲁、印度尼西亚、越南、智利、印度，进口额合计占全省水产品进口额的 59.9%，对秘鲁进口额同比下降 3.3%，对印度尼西亚、越南、智利、印度进口额分别同比增长 50.2%、67.5%、48.3% 和 99.0%（表 4-2）。

表 4-2 2022 年福建省水产品出口市场和进口来源地贸易情况

出口市场	出口额/亿美元	同比增长/%	占比/%	进口来源地	进口额/亿美元	同比增长/%	占比/%
泰国	14.6	9.9	17.1	秘鲁	7.3	-3.3	25.1
马来西亚	14.1	32.6	16.4	印度尼西亚	4.6	50.2	16.0
中国台湾	10.7	7.7	12.6	越南	2.4	67.5	8.1
菲律宾	9.1	0.1	10.6	智利	1.6	48.3	5.6
韩国	5.7	30.5	6.7	印度	1.5	99.0	5.1

第三节

山 东 省

一、2018—2022 年山东省水产品贸易总体情况

2022 年山东省水产品进出口总量达 247 万吨（图 4 - 4），占中国水产品进出口总量的 24.1%，较 2018 年增长 8.4%。其中，进口量 149.8 万吨，占中国水产品进口量的 23.2%，较 2018 年增长 26.5%；出口量 97.1 万吨，占中国水产品出口量的 25.8%，较 2018 年下降 11.3%。

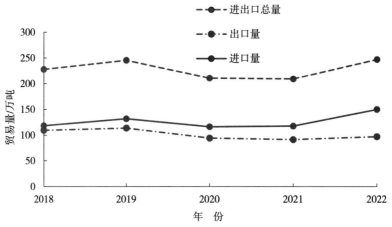

图 4 - 4　2018—2022 年山东省水产品进出口量变化

注：因统计时对数据进行四舍五入，导致部分进口数据与出口数据之和同进出口数据不完全一致，本章同。

山东省水产品贸易额稳步增长，贸易额由 2018 年的 83.3 亿美元增加到 2022 年的 98.2 亿美元（图 4 - 5），年均增长 4.2%。其中，进口额从 31.8 亿美元增加到 46.1 亿美元，年均增长 9.7%；出口额从 51.4 亿美元增加到 52.1 亿美元，年均增长 0.3%；贸易顺差由 19.7 亿美元降至 5.9 亿美元。

山东省水产品贸易额占中国水产品贸易总额的 21%，较 2018 年下降 0.8 个百分点，位居中国第二。其中，出口额占中国水产品出口总额的 22.6%，下降 0.4 个百分点，位居中国第二；进口额占中国水产品进口总额的 15.4%，下降 1.8 个百分点，位居中国第一。

从贸易额的变化情况来看，2020 年下降，其他年份增长。其中，2022 年增速最快，为 29.0%。从进口额的变化情况来看，仅 2020 年同比下降，其他年份均增长。其中，

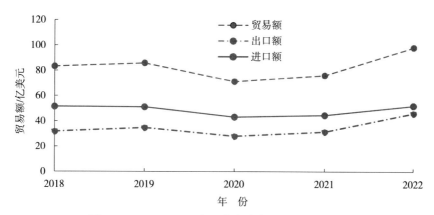

图 4-5　2018—2022 年山东省水产品进出口额变化

注：因统计时对数据进行四舍五入，导致部分进口数据与出口数据之和同进出口数据不完全一致，
进而导致贸易差额情况数据也不完全一致。本章同。

2022 年增速最快，为 46.3％。从出口额变化情况来看，2020 年下降，其他年份增长。其中，2022 年增速最快，为 16.8％。

二、2022 年山东省水产品贸易情况

2022 年山东省水产品贸易额同比增长 10.2％，较 2021 年下降 4.6 个百分点；进口额同比增长 46.3％，较 2021 年提高 33.8 个百分点；出口额同比增长 5％，较 2021 年下降 10.1 个百分点。

2022 年山东省前五大进口水产品分别是鳕鱼、对虾、墨鱼及鱿鱼、马哈鱼、庸鲽鱼，进口额合计 27.8 亿美元，占全省水产品进口额的 60.3％。其中，墨鱼及鱿鱼进口额同比下降 14.5％，鳕鱼、对虾、马哈鱼、庸鲽鱼进口额分别同比增长 62.2％、84.6％、45.2％和 41.0％。前五大出口水产品分别是鳕鱼、墨鱼及鱿鱼、章鱼、对虾、比目鱼，出口额合计 27.8 亿美元，占全省水产品出口额的 53.3％。其中，墨鱼及鱿鱼、章鱼出口额分别同比下降 0.8％、1.5％，鳕鱼、对虾、比目鱼出口额分别同比增长 52.5％、28.0％、42.9％（表 4-3）。

表 4-3　2022 年山东省主要贸易水产品贸易情况

出口商品	出口额/亿美元	同比增长/％	占比/％	进口商品	进口额/亿美元	同比增长/％	占比/％
鳕鱼	13.8	52.5	26.4	鳕鱼	12.6	62.2	27.4
墨鱼及鱿鱼	9.1	−0.8	17.4	对虾	7.3	84.6	15.9
章鱼	1.8	−1.5	3.5	墨鱼及鱿鱼	3.1	−14.5	6.7
对虾	1.7	28.0	3.3	马哈鱼	2.6	45.2	5.5
比目鱼	1.4	42.9	2.7	庸鲽鱼	2.2	41.0	4.8

2022 年山东省水产品前五大出口市场分别是日本、美国、韩国、德国、英国，出口额合计占全省水产品出口额的 72.5％。其中，对日本、美国、韩国、德国、英国出口

分别同比增长 5.5%、57.5%、2.1%、54.5%、23.3%。前五大进口来源地分别是俄罗斯、美国、挪威、厄瓜多尔、加拿大，进口额合计占全省水产品进口额的 58.2%，进口额分别同比增长 59.6%、41.7%、40.2%、118.1%、47.5%（表 4-4）。

表 4-4 2022 年山东省水产品出口市场和进口来源地贸易情况

出口市场	出口额/亿美元	同比增长/%	占比/%	进口来源地	进口额/亿美元	同比增长/%	占比/%
日本	18.5	5.5	35.6	俄罗斯	11.4	59.6	24.6
美国	7.2	57.5	13.8	美国	4.8	41.7	10.3
韩国	5.6	2.1	10.7	挪威	4.7	40.2	10.1
德国	3.7	54.5	7.1	厄瓜多尔	3.6	118.1	7.9
英国	2.8	23.3	5.3	加拿大	2.5	47.5	5.3

第四节

广 东 省

一、2018—2022 年广东省水产品贸易总体情况

2022 年广东省水产品进出口总量达 127.1 万吨（图 4-6），占中国水产品进出口量的 12.4%，较 2018 年增长 21.1%。其中，进口量 75.1 万吨，占中国水产品进口量的 11.6%，较 2018 年增长 71.6%；出口量 51.9 万吨，占中国水产品出口量的 13.8%，较 2018 年下降 15.0%。

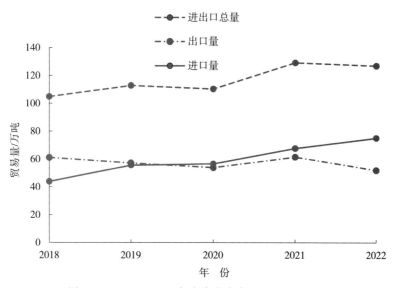

图 4-6　2018—2022 年广东省水产品进出口量变化

广东省水产品贸易额持续增长，贸易额由 2018 年的 53.5 亿美元增加到 2022 年的 66.1 亿美元（图 4-7），年均增长 5.4%。其中，进口额从 19.9 亿美元增加到 36.6 亿美元，年均增长 16.5%；出口额从 33.7 亿美元减少到 29.5 亿美元，年均下降 3.2%；2022 年首次出现贸易逆差，由 2018 年的贸易顺差 13.8 亿美元降为 2022 年的贸易逆差 7.1 亿美元。

2022 年，广东省水产品贸易额占中国水产品贸易总额的 14.2%，较 2018 年下降 1 个百分点，位居中国第三。其中，出口额占中国水产品总额的 12.8%，下降 2.2 个百分点，位居

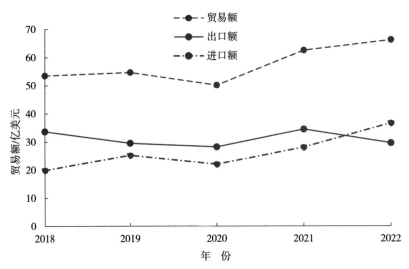

图 4 - 7 2018—2022 年广东省水产品进出口额变化

中国第三；进口额占中国水产品进口总额的 15.4%，上升 2.2 个百分点，位居中国第二。

从贸易额的变化情况来看，2020 年下降，其他年份增长。其中，2021 年增速最快，为 24.6%。从进口额变化情况来看，仅 2020 年同比下降，其他年份均增长。其中，2022年增速最快，为 30.6%。从出口额变化情况来看，2019 年、2020 年、2022 年下降，其他年份增长。其中，2021 年增速为 22.2%。

二、2022 年广东省水产品贸易情况

2022 年广东省水产品贸易额同比增长 6%，较 2021 年下降 18.6 个百分点。其中，进口额同比增长 30.6%，较 2021 年提高 2.9 个百分点；出口额同比下降 14.1%。

2022 年广东省前五大出口水产品分别是罗非鱼、对虾、鳗鱼、墨鱼及鱿鱼、鲤鱼，出口额合计 16.6 亿美元，占全省水产品出口额的 56.6%。其中，罗非鱼、对虾、鳗鱼、墨鱼及鱿鱼、鲤鱼出口额分别同比下降 13.6%、28.8%、6.5%、17.9%、2.9%。前五大进口水产品分别是对虾、饲料用鱼粉、鲇鱼、鲑鱼、养殖珍珠，进口额合计 22.4 亿美元，占全省水产品进口额的 61.4%。其中，对虾、饲料用鱼粉、鲇鱼、鲑鱼、养殖珍珠进口额分别同比增长 55.6%、0.6%、78.5%、17.2%、40.1%（表 4 - 5）。

表 4 - 5 2022 年广东省主要贸易水产品贸易情况

出口商品	出口额/亿美元	同比增长/%	占比/%	进口商品	进口额/亿美元	同比增长/%	占比/%
罗非鱼	8.2	-13.6	27.9	对虾	14.4	55.6	39.2
对虾	3.4	-28.8	11.5	饲料用鱼粉	4.0	0.6	11.0
鳗鱼	2.3	-6.5	7.9	鲇鱼	1.8	78.5	4.9
墨鱼及鱿鱼	1.6	-17.9	5.4	鲑鱼	1.6	17.2	4.5
鲤鱼	1.1	-2.9	3.9	养殖珍珠	0.6	40.1	1.8

2022 年广东省水产品前五大出口市场分别是中国香港、美国、墨西哥、日本、加拿大，出口额合计占全省水产品出口额的 68.9%。其中，对日本、加拿大出口额分别同比增长 1.2%、0.8%，对中国香港、美国、墨西哥出口额分别同比下降 3.9%、24.2%、19.7%。前五大进口来源地分别是厄瓜多尔、越南、印度、泰国、秘鲁，进口额合计占全省水产品进口额的 59.3%。其中，对秘鲁进口额同比下降 17.9%，对厄瓜多尔、越南、印度、泰国进口额分别同比增长 86.1%、86.5%、15.5%、13.5%（表 4-6）。

表 4-6　2022 年广东省水产品出口市场和进口来源地贸易情况

出口市场	出口额/亿美元	同比增长/%	占比/%	进口来源地	进口额/亿美元	同比增长/%	占比/%
中国香港	10.3	−3.9	34.9	厄瓜多尔	8.8	86.1	23.9
美国	3.7	−24.2	12.4	越南	5.5	86.5	15.0
墨西哥	3.4	−19.7	11.5	印度	3.2	15.5	8.7
日本	1.9	1.2	6.5	泰国	2.2	13.5	6.1
加拿大	1.1	0.8	3.6	秘鲁	2.0	−17.9	5.6

第五节

浙 江 省

一、2018—2022年浙江省水产品贸易总体情况

2022年浙江省水产品进出口总量达89.9万吨（图4-8），较2018年增长18.0%，占中国水产品进出口总量的8.9%。其中，进口量45.8万吨，较2018年增长83.2%，占中国水产品进口量的7.1%；出口量44.1万吨，较2018年下降13.9%，占中国水产品进口量的11.7%。

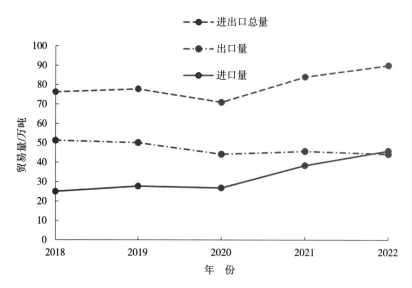

图4-8　2018—2022年浙江省水产品进出口量变化

浙江省水产品贸易额呈现先下降后大幅增长的趋势，2018—2020年，贸易额由28.1亿美元减少到25.3亿美元，2022年增加到40.6亿美元（图4-9）。2018—2022年水产品进口额呈增长趋势，进口额从6.8亿美元增加到21.8亿美元，年均增长26.2%；出口额总体呈现下降趋势，从21.3亿美元下降到18.8亿美元，年均下降2.5%；进出口格局发生变化，由2018年的贸易顺差14.5亿美元变为2022年的贸易逆差3.0亿美元。

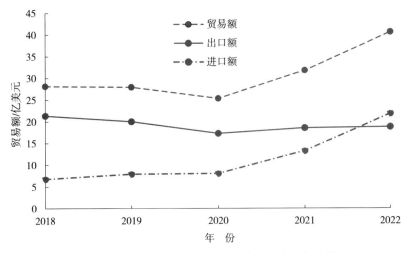

图 4 - 9　2018—2022 年浙江省水产品进出口额变化

二、2022 年浙江省水产品贸易情况

2022 年浙江省水产品贸易额占中国水产品贸易总额的 8.7%，较 2021 年增长 1.2 个百分点，位居中国第四。其中，出口额占中国水产品出口总额的 8.2%，较 2021 年下降 1.4 个百分点，位居中国第五；进口额占中国水产品进口总额的 9.2%，较 2021 年增长 4.7 个百分点，位居中国第五。

2022 年浙江省前五大进口水产品分别是墨鱼及鱿鱼、饲料用鱼粉、龙虾、鲐鱼和麒麟菜，进口额合计 4.61 亿美元，占全省水产品进口额的 21.2%。其中，除了饲料用鱼粉进口额较 2021 年下降 26.5% 外，其他四种产品进口额均有较大幅度增长。前五大出口水产品是墨鱼及鱿鱼、鳗鱼、鲭鱼、鲟鱼（加工）和章鱼，出口额合计 6.4 亿美元，占全省水产品出口额的 34.1%。出口额均有所上涨（表 4 - 7）。

表 4 - 7　2022 年浙江省主要贸易水产品贸易情况

出口商品	出口额/亿美元	同比增长/%	占比/%	进口商品	进口额/亿美元	同比增长/%	占比/%
墨鱼及鱿鱼	3.0	11.0	16.0	墨鱼及鱿鱼	1.74	39.7	8.0
鳗鱼	1.2	3.3	6.4	饲料用鱼粉	1.19	-26.5	5.5
鲭鱼	1.0	10.6	5.3	龙虾	0.60	505.0	2.7
鲟鱼（加工）	0.6	20.1	3.2	鲐鱼	0.58	395.5	2.7
章鱼	0.6	9.3	3.2	麒麟菜	0.50	168.7	2.3

2022 年浙江省水产品前五大出口市场分别是日本、西班牙、韩国、美国和泰国，出口额合计占全省水产品出口额的 58.5%。其中，对日本、美国、泰国出口额分别同比增长 7.7%、2.8%、12.1%，对西班牙、韩国出口额分别同比下降 4.0%、10.1%。前五大进口来源地分别是厄瓜多尔、印度、越南、印度尼西亚、秘鲁，进口额合计占全省水产品

进口额的 70.2%。其中，对厄瓜多尔、印度、越南、印度尼西亚进口额分别同比增长
150.2%、45.4%、456.0%、57.7%，对秘鲁进口额同比下降−24.5%（表4−8）。

表4−8　2022年浙江省水产品出口市场和进口来源地贸易情况

出口市场	出口额/亿美元	同比增长/%	占比/%	进口来源地	进口额/亿美元	同比增长/%	占比/%
日本	4.9	7.7	26.1	厄瓜多尔	5.9	150.2	27.1
西班牙	2.3	−4.0	12.2	印度	3.6	45.4	16.5
韩国	1.7	−10.1	9.0	越南	2.6	456.0	11.9
美国	1.1	2.8	5.9	印度尼西亚	1.9	57.7	8.7
泰国	1.0	12.1	5.3	秘鲁	1.3	−24.5	6.0

第六节
辽宁省

一、2018—2022年辽宁省水产品贸易总体情况

2022年辽宁省水产品进出口总量达110.3万吨（图4-10），占中国水产品进出口总量的10.8%，较2018年下降44%。其中，进口量61.5万吨，占中国水产品进口量的9.5%，较2018年下降46.1%；出口量48.7万吨，占中国水产品出口量的12.9%，较2018年下降41.2%。

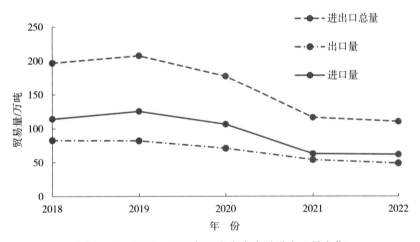

图4-10　2018—2022年辽宁省水产品进出口量变化

辽宁省水产品贸易额总体呈现下降趋势，贸易额由2018年的52亿美元减少到2022年的40亿美元（图4-11），年均下降6.3%。其中，进口额从21.4亿美元减少到16.7亿美元，年均下降6%；出口额从30.6亿美元减少到23.3亿美元，年均下降6.6%；贸易顺差由9.2亿美元降至6.6亿美元。

辽宁省水产品贸易额占中国水产品贸易总额的8.6%，较2018年下降5.4个百分点，降至中国第五位。其中，出口额占中国水产品出口总额的10.1%，下降3.6个百分点，位居中国第四；进口额占中国水产品进口总额的7.1%，下降7.2个百分点，降至中国第七位。

从贸易额变化情况来看，仅2022年同比增长，其他年份均下降。其中，2020年下降

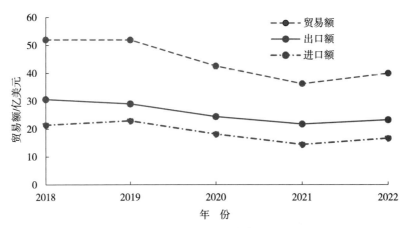

图 4 - 11 2018—2022 年辽宁省水产品进出口额变化

最快，为 18%。从进口额变化情况来看，2019 年、2022 年增长，其他年份下降。其中，2020 年下降最快，为 20.7%。从出口额变化情况来看，仅 2022 年同比增长，其他年份均下降。其中，2020 年下降最快，为 15.8%。

二、2022 年辽宁省水产品贸易情况

2022 年辽宁省水产品贸易额同比增长 10.4%，一改近五年来（2018—2022 年）逐年下降的趋势，较 2021 年提高 25.3 个百分点；进口额同比增长 15.6%，较 2021 年提高 36 个百分点；出口额同比增长 7%，较 2021 年提高 17.8 个百分点。

2022 年辽宁省前五大进口水产品分别是鳕鱼、对虾、马哈鱼、螃蟹、饲料用鱼粉，进口额合计 11.6 亿美元，占全省水产品进口额的 69.1%。其中，对虾、饲料用鱼粉进口额分别同比下降 29.1%、15.9%，鳕鱼、马哈鱼、螃蟹进口额分别同比增长 21.4%、180.0%、220.8%。前五大出口水产品分别是鳕鱼、比目鱼、蛤、墨鱼及鱿鱼、扇贝，出口额合计 12.7 亿美元，占全省水产品出口额的 54.6%。其中，蛤出口额同比下降 5.9%，鳕鱼、比目鱼、墨鱼及鱿鱼、扇贝出口额分别同比增长 11.5%、24.6%、9.2%、12.3%（表 4 - 9）。

表 4 - 9 2022 年辽宁省主要贸易水产品贸易情况

出口商品	出口额/亿美元	同比增长/%	占比/%	进口商品	进口额/亿美元	同比增长/%	占比/%
鳕鱼	5.3	11.5	22.5	鳕鱼	4.4	21.4	26.4
比目鱼	2.1	24.6	9.1	对虾	2.5	−29.1	14.8
蛤	2.0	−5.9	8.7	马哈鱼	2.4	180.0	14.5
墨鱼及鱿鱼	1.8	9.2	7.7	螃蟹	1.2	220.8	7.0
扇贝	1.5	12.3	6.6	饲料用鱼粉	1.1	−15.9	6.4

2022 年辽宁省水产品前五大出口市场分别是美国、日本、韩国、德国和加拿大，出口额合计占全省水产品出口额的 71.5%。其中，对日本出口额同比下降 9%，对美国、韩

国、德国和加拿大出口额分别同比增长 19.5%、0.9%、18.5% 和 12.4%。前五大进口来源地分别是俄罗斯、美国、日本、厄瓜多尔和秘鲁,进口额合计占全省水产品进口额的79.3%,其中对俄罗斯、美国和日本进口额分别同比增长 78.5%、21.3% 和 21.5%;对厄瓜多尔和秘鲁进口额分别同比下降 44.5% 和 14.4%(表 4-10)。

表 4-10　2022 年辽宁省水产品出口市场和进口来源地贸易情况

出口市场	出口额/亿美元	同比增长/%	占比/%	进口来源地	进口额/亿美元	同比增长/%	占比/%
美国	6.0	19.5	25.8	俄罗斯	6.7	78.5	39.9
日本	5.6	−9.0	24.2	美国	2.7	21.3	16.2
韩国	2.1	0.9	9.1	日本	1.5	21.5	8.8
德国	1.5	18.5	6.4	厄瓜多尔	1.4	−44.5	8.5
加拿大	1.4	12.4	6.0	秘鲁	1.0	−14.4	5.9

第七节
上 海 市

一、2018—2022 年上海市水产品贸易总体情况

2022 年上海市水产品进出口总量达 25.5 万吨（图 4-12），占中国水产品进出口总量的 2.5%，较 2018 年下降 3.2%。其中，进口量 24.6 万吨，占中国水产品进口量的 3.8%，较 2018 年增长 2.8%；出口量 9 368.5 吨，占中国水产品出口量的 0.2%，较 2018 年下降 61.6%。

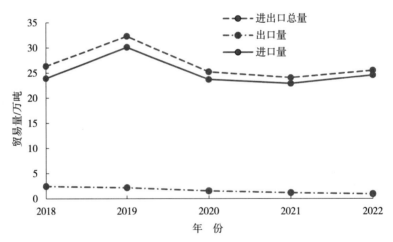

图 4-12 2018—2022 年上海市水产品进出口量变化

上海市水产品贸易额波动增长，贸易额由 2018 年的 21.1 亿美元增加到 24.4 亿美元（图 4-13），年均增长 3.7%。其中，进口额从 18.8 亿美元增加到 23 亿美元，年均增长 5.2%；出口额从 2.3 亿美元减少到 1.4 亿美元，年均下降 12.1%；贸易逆差由 16.5 亿美元进一步扩大到 17.3 亿美元。

2022 年上海市水产品贸易额占中国水产品贸易总额的 5.2%，较 2018 年下降 0.4 个百分点，位居中国第六。其中，出口额占中国水产品出口总额的 0.6%，下降 0.4 个百分点，位居中国第十一；进口额占中国水产品进口总额的 9.7%，下降 2.8 个百分点，位居中国第四。

从贸易额变化情况来看，2020 年下降，其他年份增长。其中，2019 年增速最快，为

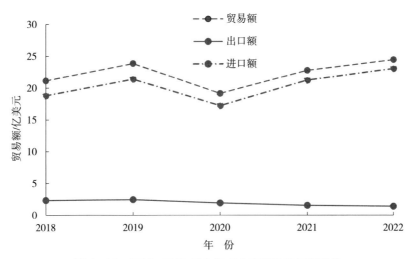

图 4 - 13　2018—2022 年上海市水产品进出口额变化

12.8%。从进口额变化情况来看，仅 2020 年同比下降，其他年份均增长。其中，2021 年增速最快，为 23.3%。从出口额变化情况来看，2019 年增长，其他年份下降。其中，2021 年降速最快，为 20.1%。

二、2022 年上海市水产品贸易情况

2022 年上海市水产品贸易额同比增长 7.3%，较 2021 年下降 4.6 个百分点；进口额同比增长 8.5%，较 2021 年下降 14.8 个百分点；出口额同比下降 9.1%，较 2021 年下降 10.9 个百分点。

2022 年上海市前五大进口水产品分别是鲑鱼、对虾、碘、饲料用鱼粉、鲇鱼，进口额合计 9.4 亿美元，占全市水产品进口额的 41.1%，进口额分别同比增长 27.0%、17.4%、129.0%、39.6%、41.0%。前五大出口水产品分别是紫菜、鳗鱼、沙蚕、鳟鱼、比目鱼，出口额合计 0.99 亿美元，占全市水产品出口额的 70.9%。其中，紫菜、沙蚕、比目鱼出口额分别同比下降 15.3%、20.5%、16.6%，鳗鱼、鳟鱼出口额分别同比增长 41.2% 和 49.9%（表 4 - 11）。

表 4 - 11　2022 年上海市主要贸易水产品贸易情况

出口商品	出口额/亿美元	同比增长/%	占比/%	进口商品	进口额/亿美元	同比增长/%	占比/%
紫菜	0.53	−15.3	38.3	鲑鱼	4.0	27.0	17.3
鳗鱼	0.28	41.2	19.7	对虾	2.4	17.4	10.4
沙蚕	0.09	−20.5	6.5	碘	1.4	129.0	6.3
鳟鱼	0.06	49.9	4.1	饲料用鱼粉	0.9	39.6	3.9
比目鱼	0.03	−16.6	2.3	鲇鱼	0.7	41.0	3.2

2022 年上海市水产品前五大出口市场分别是日本、美国、中国香港、韩国、澳大利

亚，出口额合计占全市水产品出口额的 73.1%。其中，对日本、澳大利亚出口额分别同比增长 19.7%、26.3%，对美国、中国香港、韩国出口额分别同比下降 3.7%、33.2%、10.3%。前五大进口来源地分别是加拿大、智利、新西兰、越南、挪威，进口额合计占全市水产品进口额的 53.1%。其中，对智利、新西兰、越南、挪威进口额分别同比增长 100.1%、5.2%、69.1%、48.6%，对加拿大进口额同比下降 11.1%（表 4-12）。

表 4-12　2022 年上海市水产品出口市场和进口来源地贸易情况

出口市场	出口额/亿美元	同比增长/%	占比/%	进口来源地	进口额/亿美元	同比增长/%	占比/%
日本	0.6	19.7	40.9	加拿大	4.1	-11.1	17.7
美国	0.1	-3.7	10.3	智利	2.7	100.1	11.8
中国香港	0.1	-33.2	9.6	新西兰	2.3	5.2	9.8
韩国	0.1	-10.3	6.2	越南	1.7	69.1	7.2
澳大利亚	0.1	26.3	6.1	挪威	1.5	48.6	6.6

第八节

北 京 市

一、2018—2022 年北京市水产品贸易总体情况

2022 年北京市水产品进出口总量达 62 万吨（图 4-14），占中国水产品进出口总量的 6.1%，较 2018 年增长 3.9%。其中，进口量 61.7 万吨，占中国水产品进口量的 16.4%，较 2018 年增长 4.1%；出口量 2 528 吨，占中国水产品出口量的 0.1%，较 2018 年下降 27.5%。

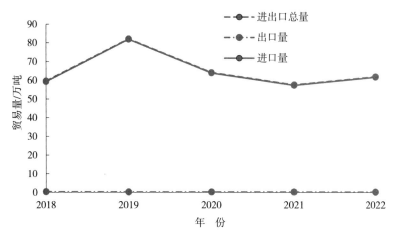

图 4-14　2018—2022 年北京市水产品进出口量变化

北京市水产品贸易额波动下降，贸易额由 2018 年的 19.6 亿美元减少到 18.1 亿美元（图 4-15），年均降幅为 2%。其中，进口额从 19.3 亿美元减少到 17.8 亿美元，年均降幅为 1.9%；出口额从 0.3 亿美元减少到 0.2 亿美元，年均下降 6%；贸易逆差由 19 亿美元缩小到 17.6 亿美元。

2022 年北京市水产品贸易额占中国水产品贸易总额的 3.9%，较 2018 年下降 1.4 个百分点，位居中国第七。其中，出口额占中国水产品出口总额的 0.1%，较 2018 年无变化，位居中国第十八；进口额占中国水产品进口总额的 7.5%，下降 5.3 个百分点，位居中国第六。

从贸易额变化情况来看，2019 年、2022 年增长，其他年份下降。其中，2019 年增速最快，为 43%。从进口额变化情况来看，2019 年、2022 年增长，其他年份下降。其中，

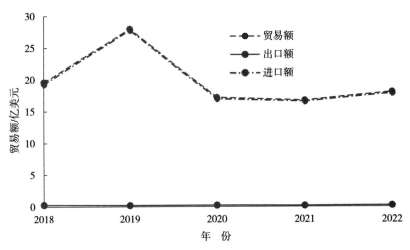

图 4 - 15　2018—2022 年北京市水产品进出口额变化

2019 年增速最快，为 44.1％。从出口额变化情况来看，2020 年、2022 年增长，其他年份下降。其中，2022 年增速最快，为 35.9％。

二、2022 年北京市水产品贸易情况

2022 年北京市水产品贸易额同比增长 8.2％，进口额同比增长 7.9％，出口额同比增长 35.9％。

2022 年北京市前五大进口水产品分别是饲料用鱼粉、对虾、墨鱼及鱿鱼、鲑鱼、鳗鱼，进口额合计 12.8 亿美元，占全市水产品进口额的 71.9％。其中，墨鱼及鱿鱼同比下降 41.7％，饲料用鱼粉、对虾、鲑鱼、鳗鱼分别增长 42.1％、9.9％、56.7％、73.1％。前五大出口水产品分别是章鱼、鳗鱼、紫菜、小龙虾、海带，出口额合计 0.087 亿美元，占全市水产品出口额的 39.3％，出口额分别增长 2.9％、7％、130.2％、236.8％、61.0％（表 4 - 13）。

表 4 - 13　2022 年北京市主要贸易水产品贸易情况

出口商品	出口额/亿美元	同比增长/%	占比/%	进口商品	进口额/亿美元	同比增长/%	占比/%
章鱼	0.033	2.9	14.9	饲料用鱼粉	6.0	42.1	33.3
鳗鱼	0.028	7.0	12.6	对虾	4.4	9.9	24.9
紫菜	0.020	130.2	9.0	墨鱼及鱿鱼	1.0	−41.7	5.7
小龙虾	0.004	236.8	1.7	鲑鱼	0.8	56.7	4.7
海带	0.002	61.0	1.1	鳗鱼	0.6	73.1	3.3

2022 年北京市水产品前五大出口市场分别是中国香港、马来西亚、美国、韩国、俄罗斯，出口额合计占全市水产品出口额的 80.1％。其中，对中国香港、马来西亚、韩国、俄罗斯出口额同比分别增长 18.3％、2 706.3％、72.5％、60.1％，对美国出口额同比下

降 16.8%。前五大进口来源地分别是厄瓜多尔、秘鲁、俄罗斯、印度尼西亚、缅甸，进口额合计占全市水产品进口额的 59.7%，对厄瓜多尔、秘鲁、俄罗斯、缅甸进口额分别同比增长 14.0%、59.6%、52.4%、5.8%，对印度尼西亚出口额同比下降 41.0%（表 4 - 14）。

表 4 - 14　2022 年北京市水产品出口市场和进口来源地贸易情况

出口市场	出口额/亿美元	同比增长/%	占比/%	进口来源地	进口额/亿美元	同比增长/%	占比/%
中国香港	0.06	18.3	28.7	厄瓜多尔	3.3	14.0	18.7
马来西亚	0.04	2 706.3	16.6	秘鲁	3.1	59.6	17.2
美国	0.03	−16.8	15.5	俄罗斯	1.7	52.4	9.3
韩国	0.03	72.5	15.2	印度尼西亚	1.3	−41.0	7.4
俄罗斯	0.01	60.1	4.1	缅甸	1.3	5.8	7.1

第九节

天 津 市

一、2018—2022 年天津市水产品贸易总体情况

2022 年天津市水产品进出口总量达 32.9 万吨（图 4-16），较 2018 年增长 334.0%，占中国水产品进出口总量的 3.2%。其中，进口量 32.4 万吨，较 2018 年增长 355.4%，占中国水产品进口量的 5%；出口量 0.5 万吨，较 2018 年上升 13.7%，占中国水产品进口量的 0.1%。

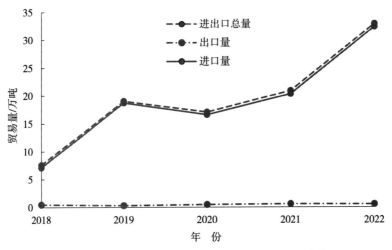

图 4-16　2018—2022 年天津市水产品进出口量变化

天津市水产品贸易额由 2018 年的 2.8 亿美元增加到 2022 年的 14.3 亿美元（图 4-17），年均增长 49.9%。其中，进口额从 2.5 亿美元增加到 14.0 亿美元，年均增长 53.7%；出口额保持在 0.3 亿美元；贸易逆差由 2.2 亿美元增加到 13.7 亿美元。

2022 年天津市水产品贸易额占中国水产品贸易总额的 3.1%，较 2018 年上升 2.3 个百分点，排名从全国第十三上升到第八。其中，出口额占中国水产品出口总额的 0.1%，位居中国第十七；进口额占中国水产品进口总额的 5.9%，上升 4.2 个百分点，位居中国第八。

从贸易额变化情况来看，2018—2022 年呈波动性增长。其中，2019 年增速最快，为 199.1%。从进口额变化情况来看，仅 2020 年同比下降，其他年份均增长。其中，2019

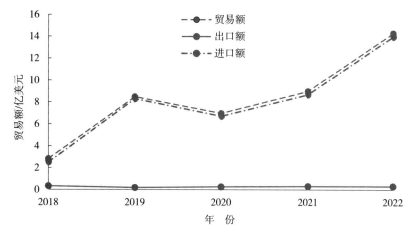

图 4 - 17　2018—2022 年天津市水产品进出口额变化

年增速最快，为 230.8%。从出口额变化情况来看，出口额年均变化不大。

二、2022 年天津市水产品贸易情况

2022 年天津市水产品贸易额同比增长 59.0%，较 2021 年提高 30.1 个百分点；进口额同比增长 61.0%，较 2021 年提高 31.6 个百分点；出口额同比增长 2.4%，较 2021 年下降 13.0 个百分点。

2022 年天津市前五大进口水产品分别是对虾、带鱼、鲐鱼、饲料用鱼粉、碘，进口额合计 12.5 亿美元，占全市农产品进口额的 89.5%。其中，对虾、带鱼、鲐鱼、饲料用鱼粉、碘进口额分别同比增长 54.8%、145.8%、158.0%、112.9% 和 62.5%。前五大出口水产品分别是紫菜、章鱼、墨鱼及鱿鱼、鲭鱼和鳗鱼，出口额合计 0.14 亿美元，占全市水产品出口额的 44.9%。其中，紫菜、墨鱼及鱿鱼出口额分别同比增长 29.2%、2.1%，章鱼、鲭鱼出口额分别同比下降 2.2%、39.7%（表 4 - 15）。

表 4 - 15　2022 年天津市主要贸易水产品贸易情况

出口商品	出口额/万美元	同比增长/%	占比/%	进口商品	进口额/万美元	同比增长/%	占比/%
紫菜	635.5	29.2	20.2	对虾	105 642.4	54.8	75.6
章鱼	404.8	−2.2	12.9	带鱼	6 939.1	145.8	5.0
墨鱼及鱿鱼	280.0	2.1	8.9	鲐鱼	6 204.3	158.0	4.4
鲭鱼	48.7	−39.7	1.5	饲料用鱼粉	4 397.0	112.9	3.1
鳗鱼	44.0	—	1.4	碘	1 975.6	62.5	1.4

注："—"表示数据缺失。

2022 年天津市水产品前五大出口市场分别是韩国、美国、中国台湾、日本、波兰，出口额合计占全市水产品出口额的 82.6%。其中，对韩国、美国、中国台湾、波兰出口额分别同比增长 9.8%、8.6%、8.0% 和 33.3%，对日本出口额同比下降 7.3%。前五大

进口来源地分别是厄瓜多尔、印度、越南、伊朗、马来西亚，进口额合计占全市水产品进口额的 85.1%，对厄瓜多尔、印度、越南、伊朗、马来西亚进口额分别同比增长 54.7%、61.4%、145.0%、151.8%和 21.5%（表 4 - 16）。

表 4 - 16　2022 年天津市水产品出口市场和进口来源地贸易情况

出口市场	出口额/万美元	同比增长/%	占比/%	进口来源地	进口额/万美元	同比增长/%	占比/%
韩国	1 109.2	9.8	35.2	厄瓜多尔	81 329.5	54.7	58.2
美国	593.5	8.6	18.9	印度	15 948.3	61.4	11.4
中国台湾	593.2	8.0	18.8	越南	12 487.1	145.0	8.9
日本	178.0	−7.3	5.7	伊朗	6 281.8	151.8	4.5
波兰	125.0	33.3	4.0	马来西亚	2 899.5	21.5	2.1

第十节
吉 林 省

一、2018—2022 年吉林省水产品贸易总体情况

2022 年吉林省水产品进出口总量达 19.7 万吨（图 5-18），占中国水产品进出口总量的 1.9%，较 2018 年增加 1.4 倍。其中，进口量 16.5 万吨，占中国水产品进口量的 2.5%，较 2018 年增加 2 倍；出口量 3.3 万吨，占中国水产品出口量的 0.9%，较 2018 年增长 9.2%。

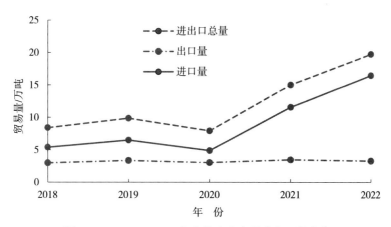

图 4-18　2018—2022 年吉林省水产品进出口量变化

吉林省水产品贸易额波动性增长，贸易额由 2018 年的 4.3 亿美元增加到 2022 年的 8.3 亿美元（图 4-19），年均增长 17.9%。其中，进口额从 3 亿美元增加到 6.8 亿美元，年均增长 22.3%；出口额从 1.3 亿美元增加到 1.5 亿美元，年均增长 4.4%；由于进口增速远超出口，贸易逆差由 1.8 亿美元扩大至 5.3 亿美元。

2022 年，吉林省水产品贸易额占中国水产品贸易总额的 1.8%，较 2018 年增长 0.7 个百分点。其中，出口额占中国水产品出口总额的 0.7%，增长 0.1 个百分点；进口额占中国水产品进口总额的 2.9%，增长 0.9 个百分点。

从贸易额变化情况来看，2019 年、2020 年下降，其他年份增长。其中，2021 年增速最快，增加 1.2 倍。从进口额变化情况来看，2019 年、2020 年同比下降，其他年份增长。其中，2021 年增速最快，增加 1.9 倍。从出口额变化情况来看，仅 2020 年下降，其他年

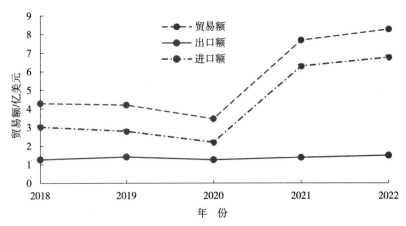

图 4-19　2018—2022 年吉林省水产品进出口额变化

份增长。其中，2019 年增速最快，为 11.5%。

二、2022 年吉林省水产品贸易情况

2022 年吉林省水产品贸易额同比增长 7.7%，较 2021 年下降 114.5 个百分点；进口额同比增长 7.5%，较 2021 年下降 178.3 个百分点；出口额同比增长 8.3%，较 2021 年提高 2.2 个百分点。

2022 年吉林省前五大出口水产品分别是鳕鱼、比目鱼、墨鱼及鱿鱼、章鱼、养殖珍珠，出口额合计 8 801.7 万美元，占全省水产品出口额的 58.5%。其中，鳕鱼同比增长 29.6%，比目鱼、墨鱼及鱿鱼、章鱼、养殖珍珠分别下降 22.5%、42.4%、39.0%、96.8%。前五大进口水产品分别是鳕鱼、比目鱼、墨鱼及鱿鱼、鲱鱼、马哈鱼，进口额合计 2.3 亿美元，占全省水产品进口额的 34.0%。其中，墨鱼及鱿鱼进口额同比下降 28.1%，鳕鱼、比目鱼、鲱鱼、马哈鱼进口额分别同比增长 77.2%、44.4%、869.8%、573.1%（表 4-17）。

表 4-17　2022 年吉林省主要贸易水产品贸易情况

出口商品	出口额/万美元	同比增长/%	占比/%	进口商品	进口额/万美元	同比增长/%	占比/%
鳕鱼	6 842.7	29.6	45.5	鳕鱼	16 456.1	77.2	24.3
比目鱼	1 734.3	−22.5	11.5	比目鱼	2 285.8	44.4	3.4
墨鱼及鱿鱼	166.8	−42.4	1.1	墨鱼及鱿鱼	1 717.2	−28.1	2.5
章鱼	57.9	−39.0	0.4	鲱鱼	1 551.9	869.8	2.3
养殖珍珠	0.003	−96.8	0.000 02	马哈鱼	1 003.6	573.1	1.5

2022 年吉林省水产品前五大出口市场分别是韩国、德国、西班牙、希腊、波兰，出口额合计占全省水产品出口额的 89.0%。其中，对德国、西班牙、希腊、波兰出口额分别同比增长 106.0%、10.3%、168.1%、1.9%，对韩国出口额同比下降 5.9%。前五大进口来源地分别是俄罗斯、挪威、智利、加拿大、韩国，进口额合计占全省水产品进口额

的 99.7%，对俄罗斯、挪威、智利、韩国进口额分别同比增长 5.8%、10.6%、2 853.2%、55.2%（表 4 - 18）。

表 4 - 18　2022 年吉林省水产品出口市场和进口来源地贸易情况

出口市场	出口额/万美元	同比增长/%	占比/%	进口来源地	进口额/万美元	同比增长/%	占比/%
韩国	9 313.1	−5.9	61.9	俄罗斯	65 750.9	5.8	97.1
德国	2 244.3	106.0	14.9	挪威	691.5	10.6	1.0
西班牙	1 252.1	10.3	8.3	智利	460.7	2 853.2	0.7
希腊	310.5	168.1	2.1	加拿大	321.8	—	0.5
波兰	278.2	1.9	1.8	韩国	260.9	55.2	0.4

注："—"表示数据缺失。

第十一节

江 苏 省

一、2018—2022 年江苏省水产品贸易总体情况

2022 年江苏省水产品进出口总量达 14.2 万吨，占中国水产品进出口总量的 1.4%（图 4-20），较 2018 年下降 5.7%。其中，进口量 10.1 万吨，占中国水产品进口量的 1.6%，较 2018 年增长 8%；出口量 4.1 万吨，占中国水产品进口量的 1.1%，较 2018 年下降 28.2%。

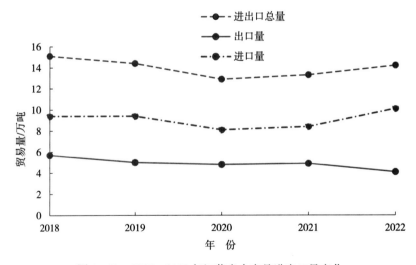

图 4-20　2018—2022 年江苏省水产品进出口量变化

江苏省水产品贸易额稳步增长，贸易额由 2018 年的 7.6 亿美元增加到 2022 年的 7.9 亿美元（图 4-21），年均增长 1%。其中，进口额从 2.8 亿美元增加到 4.3 亿美元，年均增长 11.3%；出口额从 4.8 亿美元减少到 3.6 亿美元，年均下降 6.9%；贸易额由 2018 年的 2 亿美元贸易顺差转为 2022 年的 0.7 亿美元贸易逆差。

2022 年江苏省水产品贸易额占中国水产品贸易总额的 1.7%，较 2018 年下降 0.3 个百分点，位居中国第十。其中，出口额占中国水产品出口总额的 2.2%，下降 0.6 个百分点，位居中国第七；进口额占中国水产品进口总额的 1.8%，下降 0.1 个百分点，位居中国第十一。

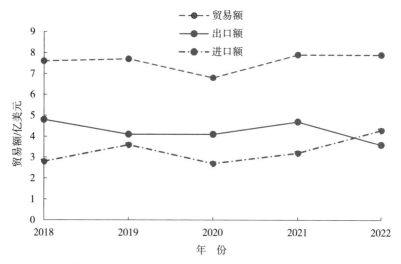

图 4 - 21　2018—2022 年江苏省水产品进出口额变化

　　从贸易额的变化情况来看，仅 2020 年下降，其他年份增长。其中，2021 年增速最快，为 16.2％。从进口额变化情况来看，仅 2020 年同比下降，其他年份均增长。其中，2022 年增速最快，为 38.7％。从出口额变化情况来看，2019 年、2022 年下降，其他年份增长。其中，2021 年增速最快，为 14.6％。

二、2022 年江苏省水产品贸易情况

　　2022 年江苏省水产品贸易额同比增长 0.2％，较 2021 年下降 16.2 个百分点；进口额同比增长 34.9％，较 2021 年提高 16.3 个百分点；出口额同比下降 23.4％，较 2021 年下降 38.8 个百分点。

　　2022 年江苏省前五大进口水产品分别是碘、对虾、饲料用鱼粉、鳕鱼和墨鱼及鱿鱼，进口额合计 1.8 亿美元[①]，占全省水产品进口额的 42.9％。其中，碘、墨鱼及鱿鱼进口额分别同比下降 1.6％、31.3％，对虾、饲料用鱼粉、鳕鱼进口额分别同比增长 37.8％、25.7％、118.5％。前五大出口水产品分别是紫菜、鳗鱼、小龙虾、沙蚕和蛤，出口额合计 1.8 亿美元，占全省水产品出口额的 50.2％。其中，紫菜、鳗鱼、小龙虾、沙蚕和蛤出口额分别同比下降 16.9％、55.1％、5.0％、7.3％和 4.7％（表 4 - 19）。

表 4 - 19　2022 年江苏省主要贸易水产品贸易情况

出口商品	出口额/亿美元	同比增长/%	占比/%	进口商品	进口额/亿美元	同比增长/%	占比/%
紫菜	1.1	−16.9	30.4	碘	0.7	−1.6	15.1
鳗鱼	0.3	−55.1	8.0	对虾	0.6	37.8	13.3
小龙虾	0.2	−5.0	6.8	饲料用鱼粉	0.3	25.7	6.8

①　此处数据与表 4 - 19 中加总数据由于四舍五入而有所不同。

（续）

出口商品	出口额/亿美元	同比增长/%	占比/%	进口商品	进口额/亿美元	同比增长/%	占比/%
沙蚕	0.1	−7.3	2.5	鳕鱼	0.2	118.5	4.0
蛤	0.1	−4.7	2.5	墨鱼及鱿鱼	0.2	−31.3	3.7

2022 年江苏省水产品前五大出口市场分别是韩国、日本、美国、中国台湾、泰国，出口额合计占全省水产品出口额的 55.9%。其中，对韩国、日本、美国、中国台湾出口额分别同比下降 33.6%、36.4%、22.8%、34.5%，对泰国出口额同比增长 66.2%。前五大进口来源地分别是智利、俄罗斯、加拿大、秘鲁、印度，进口额合计占全省水产品进口额的 55.5%。其中，对智利、俄罗斯、加拿大、印度进口额分别同比增长 30.8%、54.8%、73.5%、59.0%，对印度进口额同比下降 18.7%（表 4 - 20）。

表 4 - 20　2022 年江苏省水产品出口市场和进口来源地贸易情况

出口市场	出口额/亿美元	同比增长/%	占比/%	进口来源地	进口额/亿美元	同比增长/%	占比/%
韩国	0.6	−33.6	16.1	智利	0.8	30.8	19.0
日本	0.5	−36.4	14.4	俄罗斯	0.5	54.8	10.4
美国	0.5	−22.8	13.9	加拿大	0.4	73.5	10.1
中国台湾	0.2	−34.5	5.8	秘鲁	0.4	−18.7	9.6
泰国	0.2	66.2	5.7	印度	0.3	59.0	6.4

第十二节
海 南 省

一、2018—2022 年海南省水产品贸易总体情况

海南省水产品贸易以出口为主。2022 年海南省水产品进出口总量达 15.8 万吨（图 4-22），占中国水产品进出口总量的 1.5%，较 2018 年增长 5.5%。其中，出口量 15.1 万吨，占中国水产品出口量的 4.0%，较 2018 年增长 4.4%；进口量 0.7 万吨，占中国水产品进口量的 0.1%，较 2018 年增长 34.3%。

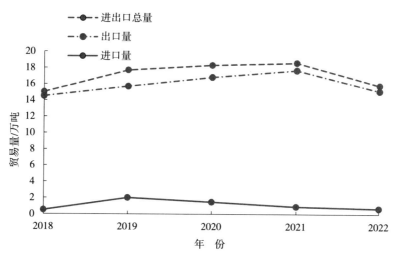

图 4-22　2018—2022 年海南省水产品进出口量变化

海南省水产品贸易额稳步增长，贸易额由 2018 年的 4.9 亿美元增加到 2022 年的 5.8 亿美元（图 4-23），年均增长 4.6%。其中，进口额从 0.3 亿美元增加到 0.5 亿美元，年均增长 12.1%；出口额从 4.6 亿美元增加到 5.3 亿美元，年均增长 4.1%；贸易顺差由 4.3 亿美元增加至 4.9 亿美元。

海南省水产品贸易额占中国水产品贸易总额的 1.2%，较 2018 年下降 0.1 个百分点，位居中国第十一。其中，出口额占中国水产品出口总额的 2.3%，上升 0.3 个百分点，位居中国第六；水产品进口额 5 年内未出现明显提升，占中国水产品进口总额的 0.2%。

从贸易额变化情况来看，仅 2020 年出现小幅下降，其他年份增长。其中，2021 年增速最快，为 15.5%。从进口额变化情况来看，分别在 2019 年、2022 年出现两次明显增

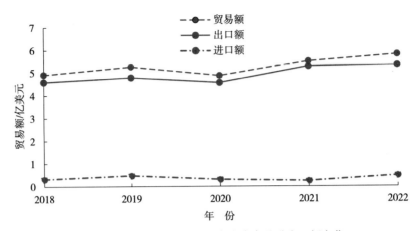

图 4-23　2018—2022 年海南省水产品进出口额变化

长，增速分别为 47.1%、97.4%。从出口额变化情况来看，2020 年下降，其他年份均增长。其中，2021 年增速最快，为 15.5%。

二、2022 年海南省水产品贸易情况

2022 年海南省水产品贸易额同比增长 1.2%，较 2021 年下降 14.3 个百分点；进口额同比增长 97.4%，较 2021 年提高 118.5 个百分点；出口额同比增长 1.2%，较 2021 年下降 14.3 个百分点。

2022 年海南省前五大进口水产品分别是对虾、水生哺乳动物、鲑鱼、饲料用鱼粉、麒麟菜，进口额合计 0.369 亿美元，占全省水产品进口额的 77.2%。其中，饲料用鱼粉进口额同比下降 70.6%；对虾、麒麟菜进口额分别同比增长 137.8%、446.1%；水生哺乳动物 2020—2021 年未产生进口、鲑鱼 2018—2021 年未产生进口，均为近年来首次进口。前五大出口水产品分别是罗非鱼、墨鱼及鱿鱼、牡蛎、鲳鱼、鲭鱼，出口额合计47.3 亿美元，占全省水产品出口额的 88.6%。其中，罗非鱼、墨鱼及鱿鱼、牡蛎、鲳鱼出口额分别同比增长 0.5%、31.9%、143.5%、70.0%，鲭鱼出口额同比下降 34.6%（表 4-21）。

表 4-21　2022 年海南省主要贸易水产品贸易情况

出口商品	出口额/亿美元	同比增长/%	占比/%	进口商品	进口额/亿美元	同比增长/%	占比/%
罗非鱼	43.2	0.5	81.0	对虾	0.240	137.8	50.3
墨鱼及鱿鱼	2.5	31.9	4.7	水生哺乳动物	0.040	—	8.8
牡蛎	1.2	143.5	2.3	鲑鱼	0.040	—	8.6
鲳鱼	0.2	70.0	0.3	饲料用鱼粉	0.040	−70.6	7.6
鲭鱼	0.2	−34.6	0.3	麒麟菜	0.009	446.1	1.9

2022 年海南省水产品前五大出口市场分别是美国、以色列、墨西哥、日本、俄罗斯，出口额合计占全省水产品出口额的 72.1%。其中，对美国、以色列、墨西哥出口额分别

同比下降 1.6%、7.8%、18.1%，对日本、俄罗斯出口额分别同比增长 13.8%、5.0%。前五大进口来源地分别是印度尼西亚、智利、泰国、西班牙、秘鲁，进口额合计占全省水产品进口额的 79.9%。其中，对印度尼西亚、泰国进口额分别同比增长 1 477.6%、9.8%，对秘鲁进口额同比下降 54.2%（表 4 - 22）。

表 4 - 22　2022 年海南省水产品出口市场和进口来源地贸易情况

出口市场	出口额/亿美元	同比增长/%	占比/%	进口来源地	进口额/亿美元	同比增长/%	占比/%
美国	25.0	−1.6	46.7	印度尼西亚	0.13	1 477.6	27.6
以色列	5.0	−7.8	9.3	智利	0.10	—	21.9
墨西哥	3.5	−18.1	6.6	泰国	0.07	9.8	15.0
日本	3.3	13.8	6.2	西班牙	0.04	—	7.8
俄罗斯	1.7	5.0	3.3	秘鲁	0.04	−54.2	7.6

第十三节

湖 南 省

一、2018—2022 年湖南省水产品贸易总体情况

2022 年湖南省水产品进出口总量达 9.1 万吨（图 4 - 24），较 2018 年增长 267.1%，占中国水产品进出口总量的 0.9%。其中，进口量 8.4 万吨，较 2018 年增长 261.8%，占中国水产品进口量的 1.3%；出口量 0.7 万吨，较 2018 年上升 349.8%，占中国水产品进口量的 0.2%。

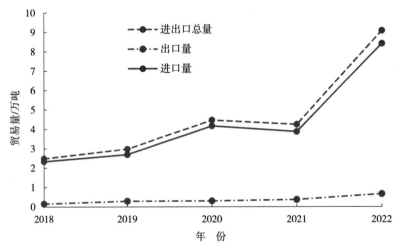

图 4 - 24　2018—2022 年湖南省水产品进出口量变化

湖南省水产品贸易额由 2018 年的 1.3 亿美元增加到 2022 年的 5.8 亿美元（图 4 - 25），年均增长 46.1%。其中，进口额从 1.1 亿美元增加到 5.1 亿美元，年均增长 46.0%；出口额从 0.2 亿美元增加到 0.7 亿美元，年均增长 47.0%；贸易逆差由 1.0 亿美元增加至 4.4 亿美元。

2022 年湖南省水产品贸易额占中国水产品贸易总额的 1.2%，较 2018 年上升 0.9 个百分点，排名从全国第十七上升到第十二。其中，出口额占中国水产品出口总额的 0.3%，上升 0.2 个百分点，位居中国第十三；进口额占中国水产品进口总额的 2.1%，上升 1.4 个百分点，位居中国第十。

从贸易额变化情况来看，2018—2022 年呈波动性增长。其中，2019 年增速最快，为

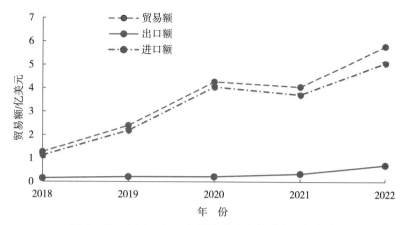

图 4-25 2018—2022 年湖南省水产品进出口额变化

89.0%。从进口额变化情况来看，仅 2021 年同比下降，其他年份均增长。其中，2019 年增速最快，为 95.8%。从出口额变化情况来看，2022 年增速最快，为 110.2%。

二、2022 年湖南省水产品贸易情况

2022 年湖南省水产品贸易额同比增长 42.9%，较 2021 年提高 47.9 个百分点；进口额同比增长 36.7%，较 2021 年提高 44.9 个百分点；出口额同比增长 110.2%，较 2021 年提高 56.8 个百分点。

2022 年湖南省前五大进口水产品分别是对虾、鳕鱼、鲇鱼、饲料用鱼粉、鲑鱼，进口额合计 1.99 亿美元，占全省农产品进口额的 39.1%。其中，仅饲料用鱼粉进口额同比下降 4.4%，对虾、鳕鱼、鲇鱼、鲑鱼进口额分别同比增长 89.0%、11 299.4%、51.8% 和 850.2%。前五大出口水产品分别是对虾、小龙虾、鲍鱼、罗非鱼和蛤，出口额合计 0.4 亿美元，占全省水产品出口额的 56.9%。其中，对虾、小龙虾、罗非鱼出口额分别同比增长 142.5%、124.7% 和 187.5%（表 4-23）。

表 4-23　2022 年湖南省主要贸易水产品贸易情况

出口商品	出口额/万美元	同比增长/%	占比/%	进口商品	进口额/万美元	同比增长/%	占比/%
对虾	2 521.6	142.5	35.6	对虾	14 933.5	89.0	29.4
小龙虾	675.1	124.7	9.5	鳕鱼	1 975.6	11 299.4	3.9
鲍鱼	401.4	—	5.7	鲇鱼	1 391.9	51.8	2.7
罗非鱼	271.7	187.5	3.8	饲料用鱼粉	813.6	-4.4	1.6
蛤	163.8	—	2.3	鲑鱼	756.5	850.2	1.5

2022 年湖南省水产品前五大出口市场分别是中国香港、中国澳门、马来西亚、越南和科特迪瓦，出口额合计占全省水产品出口额的 83.4%。其中，对中国香港、中国澳门、马来西亚、越南出口额分别同比增长 100.8%、285.1%、226.2% 和 296.5%。前五大进口来源地分别是厄瓜多尔、加拿大、越南、美国和俄罗斯，进口额合计占全省水产品进口

额的 87.2%。其中，对厄瓜多尔、越南进口额分别同比增长 100.8% 和 346.4%，对加拿大、美国进口额分别同比下降 6.5% 和 37.2%（表 4-24）。

表 4-24 2022 年湖南省水产品出口市场和进口来源地贸易情况

出口市场	出口额/万美元	同比增长/%	占比/%	进口来源地	进口额/万美元	同比增长/%	占比/%
中国香港	3 739.0	100.8	52.8	厄瓜多尔	13 717.5	100.8	27.0
中国澳门	745.7	285.1	10.5	加拿大	10 834.5	−6.5	21.3
马来西亚	735.0	226.2	10.4	越南	8 728.7	346.4	17.2
越南	438.6	296.5	6.2	美国	6 022.4	−37.2	11.9
科特迪瓦	246.3	—	3.5	俄罗斯	4 970.0	—	9.8

第十四节
广西壮族自治区

一、2018—2022 年广西壮族自治区水产品贸易总体情况

2022 年广西壮族自治区水产品进出口总量达 13.6 万吨（图 4-26），占中国水产品进出口总量的 2.1%，较 2018 年增长 39.8%。其中，进口量 10.3 万吨，占中国水产品进口量的 1.6%，较 2018 年增长 26.5%；出口量 3.5 万吨，占中国水产品出口量的 0.9%，较 2018 年下降 9.0%。

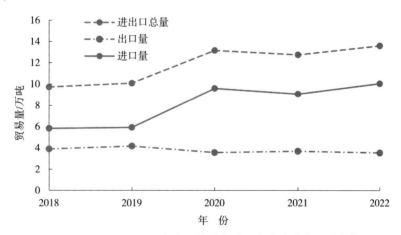

图 4-26 2018—2022 年广西壮族自治区水产品进出口量变化

广西壮族自治区水产品贸易额稳步增长，贸易额由 2018 年的 3.0 亿美元增加到 2022 年的 5.6 亿美元（图 4-27），年均增长 17.0%。其中，进口额从 1.1 亿美元增加到 3.6 亿美元，年均增长 35.2%；出口额从 1.9 亿美元增加到 2.1 亿美元，年均增长 1.6%；贸易额由顺差 0.9 亿美元转为逆差 1.5 亿美元。

2022 年广西壮族自治区水产品贸易额占中国水产品贸易总额的 1.2%，较 2018 年提高 0.4 个百分点，位居中国第十三。其中，出口额占中国水产品出口总额的 0.9%，与 2018 年持平，位居中国第十一；进口额占中国水产品进口总额的 1.5%，提高 0.8 个百分点，位居中国第十一。

从贸易额变化情况来看，2018—2022 年均保持增长。其中，2022 年增速最快，为 39.6%。从进口额变化情况来看，仅 2021 年同比下降，其他年份均增长。其中，2022 年

增速最快，为 79.1%。从出口额变化情况来看，2019 年、2020 年下降，其他年份增长。其中，2021 年增速最快，为 30.0%。

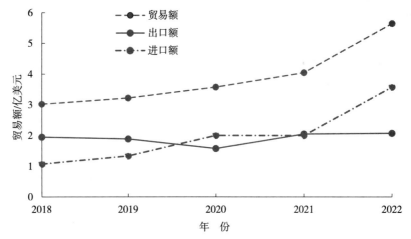

图 4-27　2018—2022 年广西壮族自治区水产品进出口额变化

二、2022 年广西壮族自治区水产品贸易情况

2022 年广西壮族自治区水产品贸易额同比增长 39.6%，较 2021 年提高 4.6 个百分点；进口额同比增长 79.1%，较 2021 年提高 79.3 个百分点；出口额同比增长 1.1%，较 2021 年下降 28.9 个百分点。

2022 年广西壮族自治区前五大进口水产品分别是饲料用鱼粉、对虾、麒麟菜、鲇鱼、墨鱼及鱿鱼，进口额合计 1.62 亿美元，占全区水产品进口额的 45.1%。其中，麒麟菜、对虾、鲇鱼进口额分别同比增长 82.5%、53.0%、41.4%，墨鱼及鱿鱼、饲料用鱼粉进口额分别同比下降 73.6%、1.6%。前五大出口水产品分别是罗非鱼、墨鱼及鱿鱼、鳗鱼、蛤和对虾，出口额合计 1.29 亿美元，占全区水产品出口额的 62.5%。其中，鳗鱼、蛤、罗非鱼出口额分别同比增长 223.3%、63.2%、17.2%，对虾、墨鱼及鱿鱼出口额分别同比下降 42.4%和 20.0%（表 4-25）。

表 4-25　2022 年广西壮族自治区主要贸易水产品贸易情况

出口商品	出口额/万美元	同比增长/%	占比/%	进口商品	进口额/万美元	同比增长/%	占比/%
罗非鱼	4 318.4	17.2	20.9	饲料用鱼粉	6 807.953	−1.6	19.0
墨鱼及鱿鱼	3 085.9	−20.0	14.9	对虾	4 344.115	53.0	12.1
鳗鱼	2 548.5	223.3	12.3	麒麟菜	3 339.934	82.5	9.3
蛤	2 335.4	63.2	11.3	鲇鱼	1 544.118	41.4	4.3
对虾	649.4	−42.4	3.1	墨鱼及鱿鱼	142.156	−73.6	0.4

2022 年广西壮族自治区水产品前五大出口市场分别是越南、美国、中国香港、马来西亚、泰国，出口额合计占全区水产品出口额的 80.1%。其中，对越南、美国出口额分

别同比增长 117.5%、1.9%，对中国香港、马来西亚、泰国出口额分别同比下降 9.5%、
2.5%、1.9%。前五大进口来源地分别是越南、印度尼西亚、印度、毛里塔尼亚、菲律
宾，进口额合计占全区水产品进口额的 91.6%，进口额分别同比增长 89.6%、66.9%、
22.9%、26.1%和 155.8%（表 4 - 26）。

表 4 - 26　2022 年广西壮族自治区水产品出口市场和进口来源地贸易情况

出口市场	出口额/万美元	同比增长/%	占比/%	进口来源地	进口额/万美元	同比增长/%	占比/%
越南	5 746.8	117.5	27.8	越南	23 484.8	89.6	65.7
美国	4 899.0	1.9	23.7	印度尼西亚	2 943.6	66.9	8.2
中国香港	2 709.0	−9.5	13.1	印度	2 627.9	22.9	7.3
马来西亚	1 960.1	−2.5	9.5	毛里塔尼亚	1 974.1	26.1	5.5
泰国	1 238.2	−1.9	6.0	菲律宾	1 737.1	155.8	4.9

第十五节
河 北 省

一、2018—2022 年河北省水产品贸易总体情况

2022 年河北省水产品进出口总量达 9.3 万吨（图 4-28），较 2018 年增长 32.5%，占中国水产品进出口总量的 0.9%。其中，进口量 6.2 万吨，较 2018 年增长 102.4%，占中国水产品进口量的 1%；出口量 3.1 万吨，较 2018 年下降 21.4%，占中国水产品进口量的 0.8%。

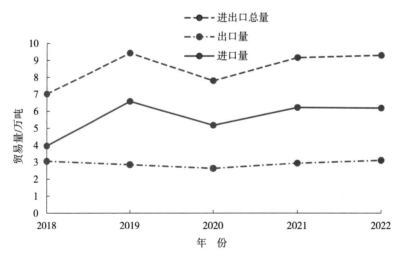

图 4-28 2018—2022 年河北省水产品进出口量变化

河北省水产品贸易额保持平稳，贸易额由 2018 年的 3.7 亿美元增加到 2022 年的 4.5 亿美元（图 4-29），年均增长 4.9%。其中，进口额从 1.3 亿美元增加到 1.9 亿美元，年均增长 10%；出口额从 2.4 亿美元增加到 2.5 亿美元，年均增长 1%；贸易顺差由 1.1 亿美元减少至 0.6 亿美元。

2022 年河北省水产品贸易额占中国水产品贸易总额的 0.95%，较 2018 年下降 0.03 个百分点，近五年（2018—2022 年）保持稳定，位居中国第十四。其中，出口额占中国水产品出口总额的 1.1%，增长 0.02 个百分点，位居中国第八；进口额占中国水产品进口总额的 0.8%，下降 0.04 个百分点，位居中国第十四。

从贸易额变化情况来看，2020 年下降，其他年份增长。其中，2019 年增速最快，为

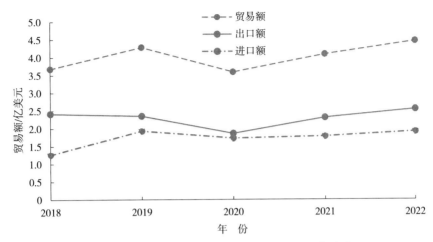

图 4-29 2018—2022 年河北省水产品进出口额变化

16.4%。从进口额变化情况来看，仅 2020 年同比下降，其他年份均增长。其中，2019 年增速最快，为 52.9%。从出口额变化情况来看，2019 年、2020 年下降，其他年份增长。其中，2021 年增速最快，为 23.9%。

二、2022 年河北省水产品贸易情况

2022 年河北省水产品贸易额同比增长 9.1%，较 2021 年下降 4.8 个百分点；进口额同比增长 7.5%，较 2021 年提高 4.4 个百分点；出口额同比增长 10.3%，较 2021 年下降 13.9 个百分点。

2022 年河北省前五大进口水产品分别是扇贝、对虾、江蓠、墨鱼及鱿鱼、碘，进口额合计 1.70 亿美元，占全省农产品进口额的 88.6%。其中，对虾、江蓠进口额分别同比下降 44.6% 和 32.9%，扇贝、墨鱼及鱿鱼、碘进口额分别同比增长 40.4%、35.1% 和 35.5%。前五大出口水产品分别是扇贝、章鱼、蛤、鲀鱼、墨鱼及鱿鱼，出口额合计 2.32 亿美元，占全省水产品出口额的 91.3%。其中，扇贝、章鱼出口额分别同比增长 16.1%、6.6%，蛤、鲀鱼、墨鱼及鱿鱼出口额分别同比下降 23.1%、23.9% 和 6.2%（表 4-27）。

表 4-27 2022 年河北省主要贸易水产品贸易情况

出口商品	出口额/万美元	同比增长/%	占比/%	进口商品	进口额/万美元	同比增长/%	占比/%
扇贝	16 532.8	16.1	65.1	扇贝	13 576.2	40.4	70.9
章鱼	5 653.8	6.6	22.2	对虾	2 607.8	−44.6	13.6
蛤	571.6	−23.1	2.2	江蓠	404.4	−32.9	2.1
鲀鱼	255.6	−23.9	1.0	墨鱼及鱿鱼	236.6	35.1	1.2
墨鱼及鱿鱼	200.7	−6.2	0.8	碘	156.3	35.5	0.8

2022 年河北省水产品前五大出口市场分别是韩国、中国香港、美国、中国台湾、加拿大，出口额合计占全省水产品出口额的 74.7%。其中，对韩国、中国香港、中国台湾、加拿大出口额分别同比增长 5.6%、14.6%、16.0% 和 16.9%，对美国出口额同比下降 13.8%。前五大进口来源地分别是日本、厄瓜多尔、印度尼西亚、印度、泰国，进口额合计占全省水产品进口额的 95.3%。其中，对日本、印度进口额分别同比增长 44.9% 和 152.8%，对厄瓜多尔、印度尼西亚、泰国进口额分别同比下降 47.2%、4.1% 和 83.6%（表 4-28）。

表 4-28　2022 年河北省水产品出口市场和进口来源地贸易情况

出口市场	出口额/万美元	同比增长/%	占比/%	进口来源地	进口额/万美元	同比增长/%	占比/%
韩国	8 351.3	5.6	32.9	日本	14 076.9	44.9	73.5
中国香港	3 786.1	14.6	14.9	厄瓜多尔	2 351.5	−47.2	12.3
美国	2 594.9	−13.8	10.2	印度尼西亚	927.6	−4.1	4.8
中国台湾	2 450.2	16.0	9.6	印度	549.3	152.8	2.9
加拿大	1 804.8	16.9	7.1	泰国	339	−83.6	1.8

CHAPTER 5 | 第五章

中国水产品主要贸易伙伴情况

中国作为全球水产品生产与消费第一大国，水产品进出口贸易在全球农产品贸易占有重要地位。据海关总署统计，2022 年中国水产品进出口总量达 1 023.3 万吨、进出口总额为 467.4 亿美元，与 2018 年相比，分别增长了 6.7% 和 20.4%。在出口方面，中国出口的水产品主要以鲜活、冷冻、干制、腌制等形式为主，主要贸易伙伴为东盟、欧盟、日本、美国和韩国等。在进口方面，中国进口的水产品主要有海水虾蟹类（甲壳类）、海水鱼、鲜活贝类等。2022 年中国水产品进口量为 647.08 万吨，进口额为 237.0 亿美元，与 2018 年相比分别增长 19.3% 和 37.3%。在以国内大循环为主体、国内国际双循环相互促进的新发展格局下，中国进口水产品出现量额双增的现象，不仅丰富了中国的水产食材市场，也满足了消费者对高品质水产品的需求。中国进口主要贸易伙伴为厄瓜多尔、俄罗斯、东盟、加拿大与美国等。中国水产品贸易国家和地区结构受地缘政治、外部需求、贸易政策、"一带一路"倡议及贸易成本的影响，基本形成以美日韩为主、以东南亚和欧盟国家为辅的出口贸易格局，以及以亚洲、欧洲、南美洲为主体的多极化、分散化的进口贸易格局。

第一节

东　　盟

　　东盟现有成员国包括马来西亚、印度尼西亚、泰国、菲律宾、新加坡、文莱、越南、老挝、缅甸和柬埔寨。2021 年 11 月 22 日，中国与东盟建立全面战略伙伴关系。得益于《区域全面经济伙伴关系协定》（RCEP）的加入，中国与东盟的水产品贸易合作关系不断深化。2018—2022 年中国与东盟水产品进出口总额呈逐年上升趋势，2022 年中国与东盟水产品进出口额达 57.6 亿美元，较 2018 年增加 23.0 亿美元，增长了 66.5%（图 5-1）。

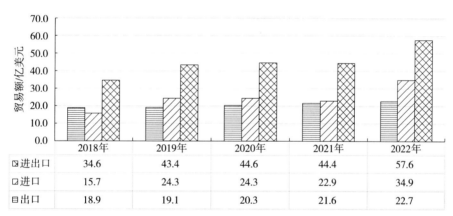

	2018年	2019年	2020年	2021年	2022年
进出口	34.6	43.4	44.6	44.4	57.6
进口	15.7	24.3	24.3	22.9	34.9
出口	18.9	19.1	20.3	21.6	22.7

图 5-1　2018—2022 年中国与东盟水产品进出口情况

数据来源：Trade Map 数据库。本章后图同。

注：因统计时对数据进行四舍五入，导致部分进口数据与出口数据之和同进出口数据不完全一致。本章同。

　　在出口方面，2018—2022 年中国出口至东盟的水产品总额呈逐年上升趋势（图 5-2），2022 年中国对东盟水产品出口总额达 22.7 亿美元。中国对东盟出口额排名前五的国家依次为菲律宾（7.7 亿美元）、泰国（5.9 亿美元）、越南（3.5 亿美元）、马来西亚（2.8 亿美元）和印度尼西亚（2.1 亿美元），出口至新加坡、柬埔寨的水产品总额较小。

　　在进口方面，除 2021 年进口额较 2022 年小幅下降外，2018—2022 年中国自东盟进口的水产品总额呈上升趋势。2022 年，中国自东盟进口的水产品总额达 34.9 亿美元。中国自东盟进口额排名前三的国家依次为越南（16.7 亿美元）、印度尼西亚（7.8 亿美元）和泰国（3.8 亿美元），自菲律宾、新加坡进口的水产品总额较小（图 5-3）。

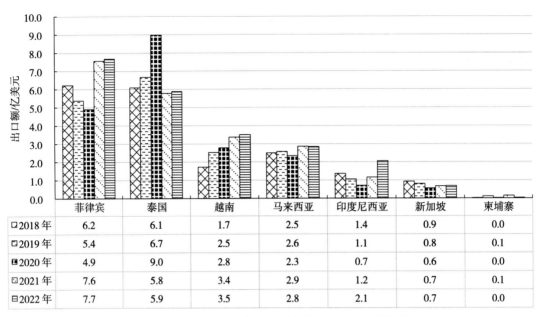

	菲律宾	泰国	越南	马来西亚	印度尼西亚	新加坡	柬埔寨
2018 年	6.2	6.1	1.7	2.5	1.4	0.9	0.0
2019 年	5.4	6.7	2.5	2.6	1.1	0.8	0.1
2020 年	4.9	9.0	2.8	2.3	0.7	0.6	0.0
2021 年	7.6	5.8	3.4	2.9	1.2	0.7	0.1
2022 年	7.7	5.9	3.5	2.8	2.1	0.7	0.0

图 5 - 2 2018—2022 年中国对东盟水产品出口额情况

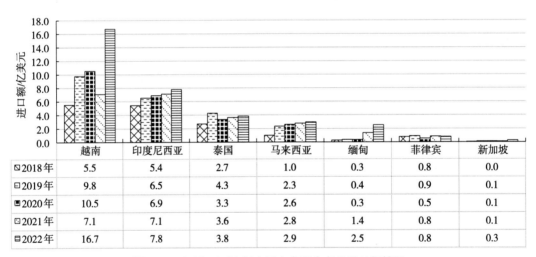

	越南	印度尼西亚	泰国	马来西亚	缅甸	菲律宾	新加坡
2018 年	5.5	5.4	2.7	1.0	0.3	0.8	0.0
2019 年	9.8	6.5	4.3	2.3	0.4	0.9	0.1
2020 年	10.5	6.9	3.3	2.6	0.3	0.5	0.1
2021 年	7.1	7.1	3.6	2.8	1.4	0.8	0.1
2022 年	16.7	7.8	3.8	2.9	2.5	0.8	0.3

图 5 - 3 2018—2022 年中国自东盟水产品进口额情况

第二节
欧　　盟

　　欧洲联盟简称欧盟（EU），总部设在比利时首都布鲁塞尔，现有 27 个成员国，分别是奥地利、比利时、保加利亚、塞浦路斯、捷克、克罗地亚、丹麦、爱沙尼亚、芬兰、法国、德国、希腊、匈牙利、爱尔兰、意大利、拉脱维亚、罗马尼亚、立陶宛、卢森堡、马耳他、荷兰、波兰、葡萄牙、斯洛伐克、斯洛文尼亚、西班牙、瑞典。欧盟先后制定了《欧中关系长期政策》《欧盟对华新战略》和《与中国建立全面伙伴关系》3 个对华政策文件，主张同中国建立全面的伙伴关系。

　　中国和欧盟是全球重要的经济体，双方在水产品贸易领域有着密切的联系。近年来，随着全球经济一体化的深入发展和中欧自由贸易区的建立，中欧水产品贸易规模不断扩大，品种日益丰富。2018—2019 年中国与欧盟水产品进出口总额呈上升趋势，受新冠疫情影响，2020—2021 年进出口总额下降近三成，2022 年中国与欧盟水产品进出口额逐渐恢复，达 20.2 亿美元，基本恢复至新冠疫情前水平（图 5-4）。

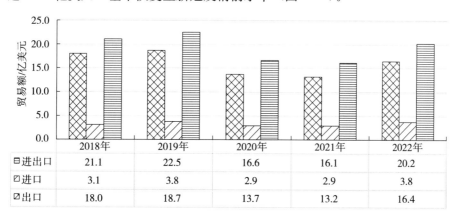

	2018年	2019年	2020年	2021年	2022年
进出口	21.1	22.5	16.6	16.1	20.2
进口	3.1	3.8	2.9	2.9	3.8
出口	18.0	18.7	13.7	13.2	16.4

图 5-4　2018—2022 年中国与欧盟水产品进出口情况

　　在出口方面，与进出口趋势一致，2018—2022 年中国出口至欧盟的水产品总额呈先上升后下降再上升的趋势，2022 年中国对欧盟水产品出口总额达 16.4 亿美元。2022 年中国对欧盟出口额排名前五位的国家依次为德国（5.5 亿美元）、西班牙（2.9 亿美元）、法国（2.2 亿美元）、荷兰（1.3 亿美元）、意大利（1.0 亿美元），出口至芬兰、匈牙利、爱沙尼亚、奥地利、马耳他等国的水产品总额较少（各不足 100 万美元），对卢森堡无出口（图 5-5）。

　　在进口方面，与进出口趋势一致，2018—2022 年中国出口至欧盟的水产品总额呈先

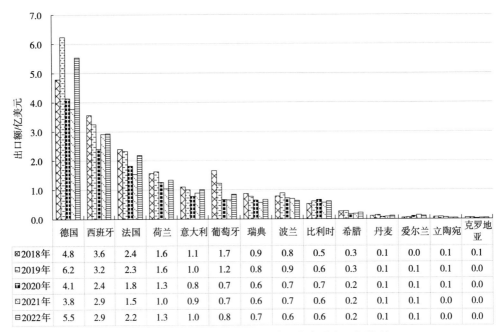

	德国	西班牙	法国	荷兰	意大利	葡萄牙	瑞典	波兰	比利时	希腊	丹麦	爱尔兰	立陶宛	克罗地亚
2018年	4.8	3.6	2.4	1.6	1.1	1.7	0.9	0.8	0.5	0.3	0.1	0.0	0.1	0.1
2019年	6.2	3.2	2.3	1.6	1.0	1.2	0.8	0.9	0.6	0.3	0.1	0.1	0.1	0.0
2020年	4.1	2.4	1.8	1.3	0.8	0.7	0.6	0.7	0.7	0.2	0.1	0.1	0.1	0.0
2021年	3.8	2.9	1.5	1.0	0.9	0.7	0.6	0.7	0.6	0.2	0.1	0.1	0.0	0.0
2022年	5.5	2.9	2.2	1.3	1.0	0.8	0.7	0.6	0.6	0.2	0.1	0.1	0.0	0.0

图 5-5 2018—2022 年中国对欧盟水产品出口额情况

上升后下降再上升的趋势。2022 年中国自欧盟进口的水产品总额达 3.8 亿美元。中国自东盟进口额排名前八位的国家依次为西班牙（1.1 亿美元）、法国（0.8 亿美元）、葡萄牙（0.4 亿美元）、爱尔兰（0.3 亿美元）、丹麦（0.3 亿美元）、荷兰（0.3 亿美元）、爱沙尼亚（0.2 亿美元）和德国（0.2 亿美元），自拉脱维亚、波兰、希腊、保加利亚、芬兰、意大利、立陶宛、瑞典等国进口的水产品总额较小（图 5-6）。

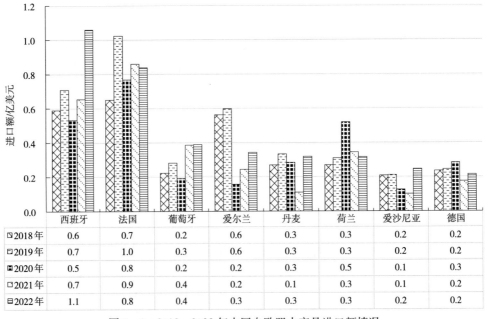

	西班牙	法国	葡萄牙	爱尔兰	丹麦	荷兰	爱沙尼亚	德国
2018年	0.6	0.7	0.2	0.6	0.3	0.3	0.2	0.2
2019年	0.7	1.0	0.3	0.6	0.3	0.3	0.2	0.2
2020年	0.5	0.8	0.2	0.2	0.3	0.5	0.1	0.3
2021年	0.7	0.9	0.4	0.2	0.1	0.3	0.1	0.2
2022年	1.1	0.8	0.4	0.3	0.3	0.3	0.2	0.2

图 5-6 2018—2022 年中国自欧盟水产品进口额情况

第三节
日　　本

中国与日本是世界水产品消费与贸易大国，市场需求呈逐年上涨趋势。2018—2022年，中国与日本水产品进出口总额整体稳定，呈先下降后上升的趋势。中国对日本出口的主要水产品品种有鱼类、贝类、甲壳类等。而日本向中国出口的主要水产品品种为贝类、鳗鱼与金枪鱼等。2020年中国与日本水产品进出口总额由2018年的24.7亿美元减少至19.4亿美元；2022年进出口总额逐渐恢复，达23.6亿美元，基本恢复至2019年（新冠疫情前）23.7亿美元的水平（图5-7）。

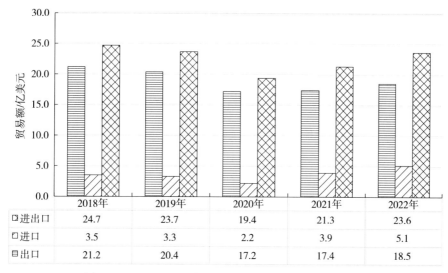

	2018年	2019年	2020年	2021年	2022年
进出口	24.7	23.7	19.4	21.3	23.6
进口	3.5	3.3	2.2	3.9	5.1
出口	21.2	20.4	17.2	17.4	18.5

图5-7　2018—2022年中国与日本水产品进出口额情况

出口方面，2018—2022年中国对日本水产品出口额变化情况同进出口总额一致，呈先下降后上升的趋势，2022年中国对日本水产品出口额达18.5亿美元（图5-7）。中国出口至日本的水产品品种排名前五的依次为鲜、冷、冻鱼片及其他鱼肉（0304），贝类、头足类及其制品（0307），虾蟹类及制品（0306），活鱼（0301），冻鱼（0303）（图5-8）。自日本进口方面，与进出口总额及出口额趋势一致，2018—2022年进口额呈先下降后上升的趋势，其中2022年中国自日本进口的水产品总额达5.1亿美元（图5-7）。中国自日本进口的主要品种为贝类、头足类及其制品（0307），冻鱼（0303），鱼（0302，除0304外），海参、海蜇、海胆等及其制品（0308），鲜、冷、冻鱼片及其他鱼肉（0304）

等（图 5 - 9）。

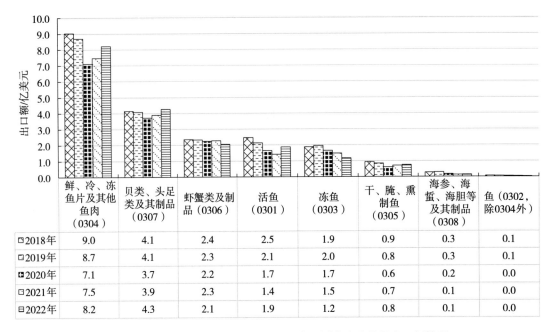

图 5 - 8　2018—2022 年中国出口至日本不同水产品种类出口额情况

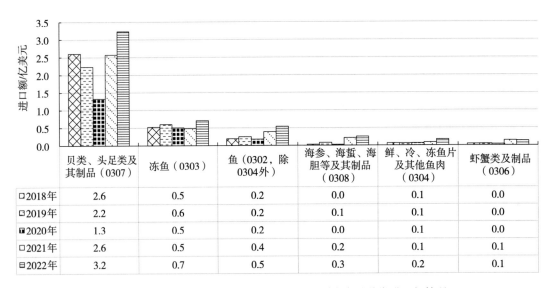

图 5 - 9　2018—2022 年中国自日本进口不同水产品种类进口额情况

中国与日本间进出口贸易顺差的品种主要为鲜、冷、冻鱼片及其他鱼肉（0304），虾蟹类及制品（0306），活鱼（0301），贝类、头足类及其制品（0307），干、腌、熏制鱼（0305）和冻鱼（0303）；贸易逆差的品种主要为海参、海蜇、海胆等及其制品（0308）和鱼（0302，除0304外）（图 5 - 10）。

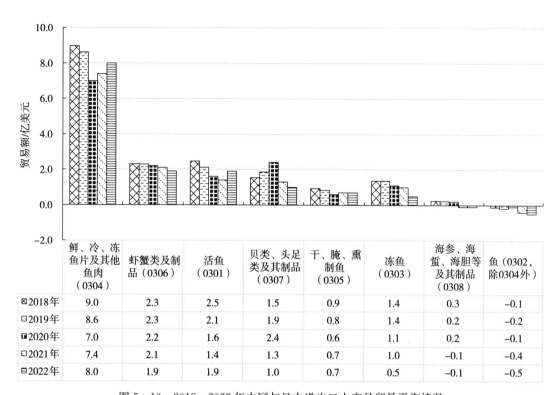

	鲜、冷、冻鱼片及其他鱼肉（0304）	虾蟹类及制品（0306）	活鱼（0301）	贝类、头足类及其制品（0307）	干、腌、熏制鱼（0305）	冻鱼（0303）	海参、海蜇、海胆等及其制品（0308）	鱼（0302，除0304外）
2018年	9.0	2.3	2.5	1.5	0.9	1.4	0.3	−0.1
2019年	8.6	2.3	2.1	1.9	0.8	1.4	0.2	−0.2
2020年	7.0	2.2	1.6	2.4	0.6	1.1	0.2	−0.1
2021年	7.4	2.1	1.4	1.3	0.7	1.0	−0.1	−0.4
2022年	8.0	1.9	1.9	1.0	0.7	0.5	−0.1	−0.5

图 5-10 2018—2022 年中国与日本进出口水产品贸易平衡情况

第四节
美 国

　　水产品贸易在国际货物贸易中占据重要地位，特别是在中国和美国这两个全球最大的经济体之间，水产品贸易更具有特殊意义。近年来，随着全球经济一体化的深入，中国和美国的水产品贸易规模不断扩大，贸易关系更加紧密。受中美贸易摩擦与新冠疫情影响，2018—2022 年中美水产品进出口贸易呈先下降后上升的趋势，但 2022 年中美水产品进出口总额仍略低于 2018 年的水平。2022 年中美水产品进出口总额为 25.9 亿美元，与 2018 年相比，下降了 13.7%（图 5-11），这一趋势表明，中美水产品贸易关系仍然存在一些不确定因素，需要加强沟通与合作。

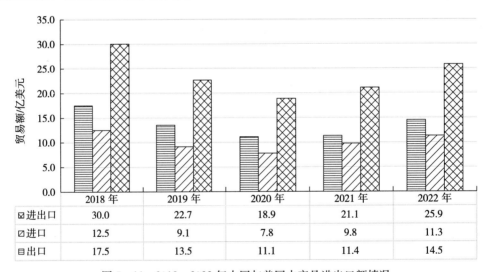

	2018 年	2019 年	2020 年	2021 年	2022 年
进出口	30.0	22.7	18.9	21.1	25.9
进口	12.5	9.1	7.8	9.8	11.3
出口	17.5	13.5	11.1	11.4	14.5

图 5-11　2018—2022 年中国与美国水产品进出口额情况

　　出口方面，2018—2022 年中国对美国水产品出口额变化情况同进出口总额一致，呈先下降后上升的趋势。2022 年中国对美国水产品出口额达 14.5 亿美元（图 5-11）。中国出口至美国的水产品品种主要为鲜、冷、冻鱼片及其他鱼肉（0304），贝类、头足类及其制品（0307），冻鱼（0303），干、腌、熏制鱼（0305），虾蟹类及制品（0306）等（图 5-12）。自美国进口方面，2018—2022 年水产品出口额呈先下降后上升的趋势，其中 2022 年中国自美国进口的水产品总额达 11.3 亿美元，比 2021 年增加 1.5 亿美元（图 5-11）。中国自美国进口的主要品种为冻鱼（0303），贝类、头足类及其制品（0307），虾蟹类及制品

（0306），鲜、冷、冻鱼片及其他鱼肉（0304）（图5-13）。

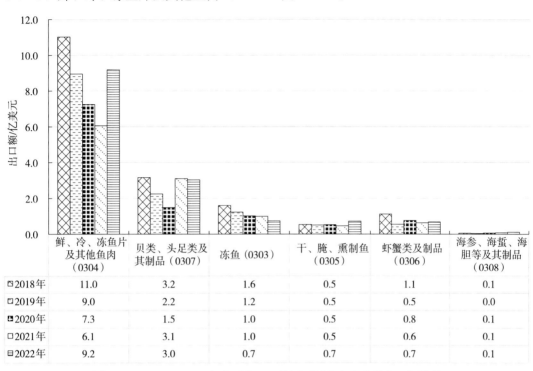

	鲜、冷、冻鱼片及其他鱼肉（0304）	贝类、头足类及其制品（0307）	冻鱼（0303）	干、腌、熏制鱼（0305）	虾蟹类及制品（0306）	海参、海蜇、海胆等及其制品（0308）
2018年	11.0	3.2	1.6	0.5	1.1	0.1
2019年	9.0	2.2	1.2	0.5	0.5	0.0
2020年	7.3	1.5	1.0	0.5	0.8	0.1
2021年	6.1	3.1	1.0	0.5	0.6	0.1
2022年	9.2	3.0	0.7	0.7	0.7	0.1

图5-12 2018—2022年中国出口至美国不同水产品种类出口额情况

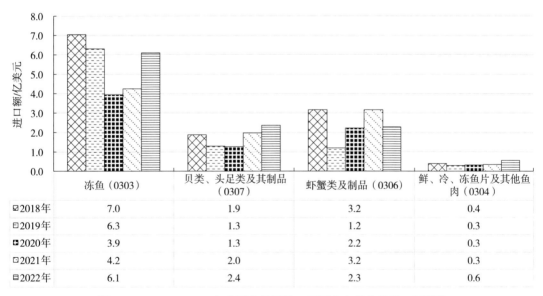

	冻鱼（0303）	贝类、头足类及其制品（0307）	虾蟹类及制品（0306）	鲜、冷、冻鱼片及其他鱼肉（0304）
2018年	7.0	1.9	3.2	0.4
2019年	6.3	1.3	1.2	0.3
2020年	3.9	1.3	2.2	0.3
2021年	4.2	2.0	3.2	0.3
2022年	6.1	2.4	2.3	0.6

图5-13 2018—2022年中国自美国进口不同水产品种类进口额情况

　　从2018—2022年中国与美国进出口水产品贸易平衡情况来看，中国与美国间进出口贸易顺差的品种主要为鲜、冷、冻鱼片及其他鱼肉（0304）、干、腌、熏制鱼（0305）、贝类、头足类及其制品（0307）；贸易逆差的品种主要为虾蟹类及制品（0306）、冻鱼（0303）

（图 5 - 14）。

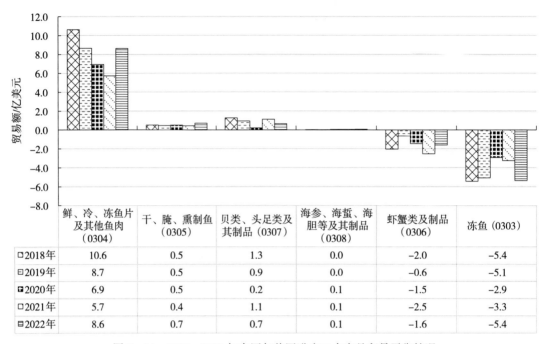

	鲜、冷、冻鱼片及其他鱼肉（0304）	干、腌、熏制鱼（0305）	贝类、头足类及其制品（0307）	海参、海蜇、海胆等及其制品（0308）	虾蟹类及制品（0306）	冻鱼（0303）
□2018年	10.6	0.5	1.3	0.0	-2.0	-5.4
▤2019年	8.7	0.5	0.9	0.0	-0.6	-5.1
▥2020年	6.9	0.5	0.2	0.1	-1.5	-2.9
□2021年	5.7	0.4	1.1	0.1	-2.5	-3.3
▤2022年	8.6	0.7	0.7	0.1	-1.6	-5.4

图 5 - 14　2018—2022 年中国与美国进出口水产品贸易平衡情况

第五节
韩　　国

中国与韩国水产品进出口贸易情况较为稳定，中国是韩国水产品最大的进口来源国，也是韩国水产品出口最大的国家。2018—2022年，中国与韩国水产品进出口总额呈先下降后上升的趋势，其中2020年进出口总额最低，约为14.0亿美元，2022年进出口总额达14.8亿美元（图5-15），与2018年相比减少了1.3亿美元，降幅为8.1%。中国与韩国间水产品进出口贸易主要品种为贝类、鱼类与甲壳类。

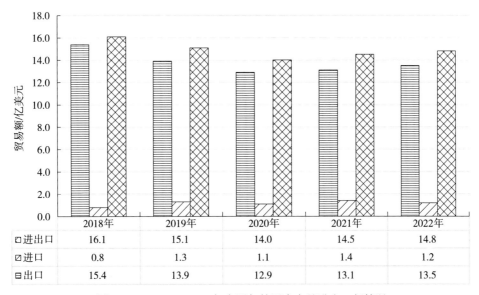

	2018年	2019年	2020年	2021年	2022年
□进出口	16.1	15.1	14.0	14.5	14.8
☑进口	0.8	1.3	1.1	1.4	1.2
▤出口	15.4	13.9	12.9	13.1	13.5

图5-15　2018—2022年中国与韩国水产品进出口额情况

出口方面，2018—2022年中国对韩国水产品出口额变化呈先下降后上升的趋势，2022年中国对韩国水产品出口额达13.5亿美元（图5-15）。中国出口至韩国的水产品品种主要为贝类、头足类及其制品（0307），冻鱼（0303），活鱼（0301），鲜、冷、冻鱼片及其他鱼肉（0304），虾蟹类及制品（0306）等（图5-16）。自韩国进口方面，2018—2022年进口额呈先上升后下降再上升再下降的趋势，其中2022年中国自韩国进口的水产品总额达1.2亿美元（图5-15）。中国自韩国进口的主要品种为冻鱼（0303），贝类、头足类及其制品（0307），鲜、冷、冻鱼片及其他鱼肉（0304），虾蟹类及制品（0306）等（图5-17）。

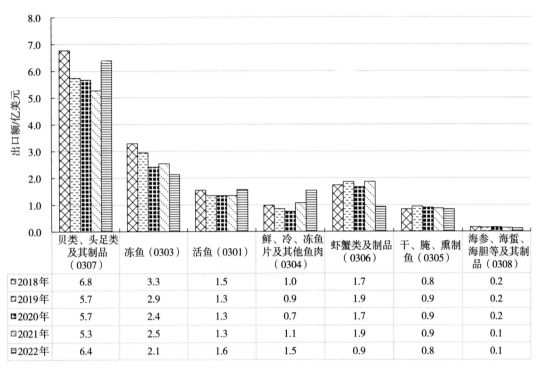

	贝类、头足类及其制品（0307）	冻鱼（0303）	活鱼（0301）	鲜、冷、冻鱼片及其他鱼肉（0304）	虾蟹类及制品（0306）	干、腌、熏制鱼（0305）	海参、海蜇、海胆等及其制品（0308）
2018年	6.8	3.3	1.5	1.0	1.7	0.8	0.2
2019年	5.7	2.9	1.3	0.9	1.9	0.9	0.2
2020年	5.7	2.4	1.3	0.7	1.7	0.9	0.2
2021年	5.3	2.5	1.3	1.1	1.9	0.9	0.1
2022年	6.4	2.1	1.6	1.5	0.9	0.8	0.1

图 5-16 2018—2022 年中国出口至韩国不同水产品种类出口额情况

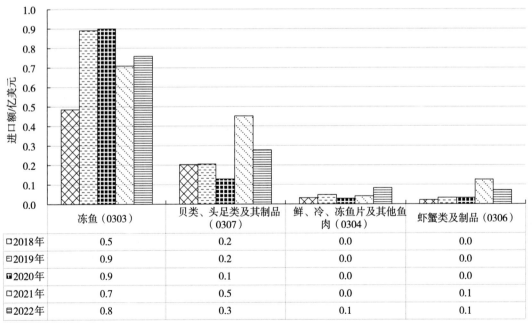

	冻鱼（0303）	贝类、头足类及其制品（0307）	鲜、冷、冻鱼片及其他鱼肉（0304）	虾蟹类及制品（0306）
2018年	0.5	0.2	0.0	0.0
2019年	0.9	0.2	0.0	0.0
2020年	0.9	0.1	0.0	0.0
2021年	0.7	0.5	0.0	0.1
2022年	0.8	0.3	0.1	0.1

图 5-17 2018—2022 年中国自韩国进口不同水产品种类进口额情况

从 2018—2022 年中国与韩国进出口水产品贸易平衡情况来看，中国与韩国间进出口为贸易顺差的品种主要有贝类、头足类及其制品（0307），活鱼（0301），鲜、冷、冻鱼片

及其他鱼肉（0304），冻鱼（0303），虾蟹类及制品（0306），干、腌、熏制鱼（0305），海
参、海蜇、海胆等及其制品（0308）；无贸易逆差品种（图5-18）。

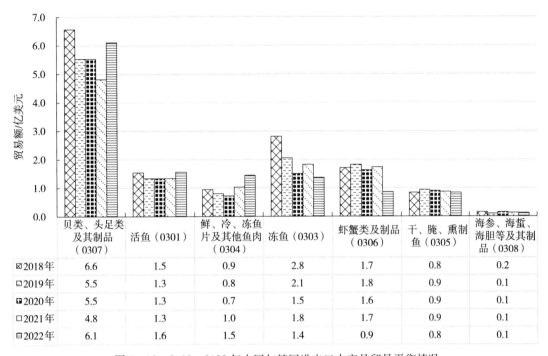

	贝类、头足类及其制品（0307）	活鱼（0301）	鲜、冷、冻鱼片及其他鱼肉（0304）	冻鱼（0303）	虾蟹类及制品（0306）	干、腌、熏制鱼（0305）	海参、海蜇、海胆等及其制品（0308）
⊠2018年	6.6	1.5	0.9	2.8	1.7	0.8	0.2
▢2019年	5.5	1.3	0.8	2.1	1.8	0.9	0.1
▣2020年	5.5	1.3	0.7	1.5	1.6	0.9	0.1
▢2021年	4.8	1.3	1.0	1.8	1.7	0.9	0.1
▤2022年	6.1	1.6	1.5	1.4	0.9	0.8	0.1

图5-18 2018—2022年中国与韩国进出口水产品贸易平衡情况

第六节
厄瓜多尔

中国与厄瓜多尔水产品进出口贸易主要集中在对虾类产品方面，双方的交易额在近几年内出现了明显增长，中国自厄瓜多尔进口水产品量远大于出口量。为了促进中厄水产品贸易发展，两国在 2017 年签署了《中华人民共和国政府与厄瓜多尔共和国政府关于厄瓜多尔输华冷冻水果和食用水生动物检疫要求议定书》。该议定书规定了厄瓜多尔输华冷冻水果和食用水生动物的检疫要求，为两国的水产品贸易提供了更加明确的法规依据。2018—2022 年，中国与厄瓜多尔水产品进出口总额呈先上升后下降再上升的趋势，其中 2022 年进出口总额达 35.6 亿美元，与 2018 年相比增加了 30.6 亿美元，增加了 6 倍多（图 5-19）。

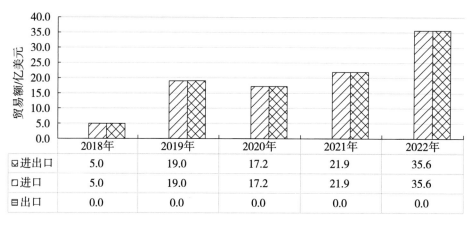

	2018年	2019年	2020年	2021年	2022年
▨进出口	5.0	19.0	17.2	21.9	35.6
▢进口	5.0	19.0	17.2	21.9	35.6
▤出口	0.0	0.0	0.0	0.0	0.0

图 5-19 2018—2022 年中国与厄瓜多尔水产品进出口额情况

出口方面，2018—2022 年中国对厄瓜多尔水产品出口极少，2018 年无水产品出口，2019—2022 年出口额分别为 202.7 万美元、311.5 万美元、226.9 万美元和 34.6 万美元。中国出口至厄瓜多尔的水产品品种有冻鱼（0303），虾蟹类及制品（0306）和极少量的干、腌、熏制鱼（0305）（图 5-20）。自厄瓜多尔进口方面，2018—2022 年进口额呈先上升后下降再上升的趋势，其中 2022 年中国自厄瓜多尔进口的水产品总额达 35.6 亿美元（图 5-19）。中国自厄瓜多尔进口的主要品种为虾蟹类及制品（0306），冻鱼（0303），贝类、头足类及其制品（0307）（图 5-21）。

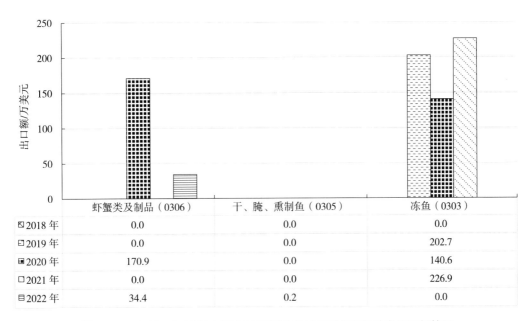

	虾蟹类及制品（0306）	干、腌、熏制鱼（0305）	冻鱼（0303）
◪ 2018 年	0.0	0.0	0.0
▢ 2019 年	0.0	0.0	202.7
▣ 2020 年	170.9	0.0	140.6
▢ 2021 年	0.0	0.0	226.9
▤ 2022 年	34.4	0.2	0.0

图 5-20　2018—2022 年中国出口至厄瓜多尔不同水产品种类出口额情况

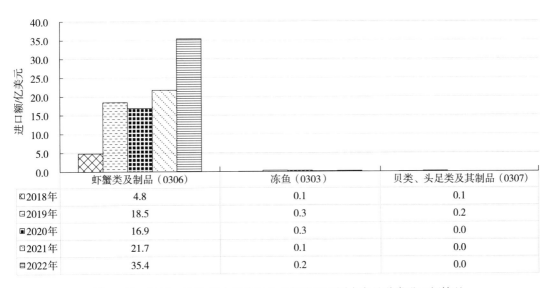

	虾蟹类及制品（0306）	冻鱼（0303）	贝类、头足类及其制品（0307）
◪ 2018 年	4.8	0.1	0.1
▢ 2019 年	18.5	0.3	0.2
▣ 2020 年	16.9	0.3	0.0
▢ 2021 年	21.7	0.1	0.0
▤ 2022 年	35.4	0.2	0.0

图 5-21　2018—2022 年中国自厄瓜多尔进口不同水产品种类进口额情况

　　从 2018—2022 年中国与厄瓜多尔进出口水产品贸易平衡情况来看，中国与厄瓜多尔间进出口为贸易顺差的品种仅有干、腌、熏制鱼（0305）；贸易逆差的品种有虾蟹类及制品（0306），冻鱼（0303），贝类、头足类及其制品（0307）（图 5-22）。

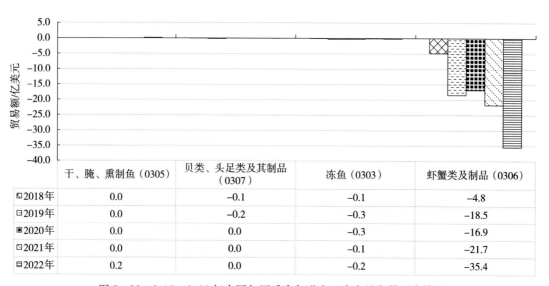

	干、腌、熏制鱼（0305）	贝类、头足类及其制品 （0307）	冻鱼（0303）	虾蟹类及制品（0306）
2018年	0.0	−0.1	−0.1	−4.8
2019年	0.0	−0.2	−0.3	−18.5
2020年	0.0	0.0	−0.3	−16.9
2021年	0.0	0.0	−0.1	−21.7
2022年	0.2	0.0	−0.2	−35.4

图 5 - 22　2018—2022 年中国与厄瓜多尔进出口水产品贸易平衡情况

第七节
俄 罗 斯

中俄两国在渔业领域的合作逐渐加强，双方在远洋渔业资源保护、水产养殖技术交流等方面开展了广泛合作。同时，中俄两国也在积极推进渔业领域的科技创新和产业升级，以提高水产品贸易的质量和效益。与其他大宗产品相比，中国与俄罗斯的水产品国际贸易规模较小，但呈增长趋势。俄罗斯是中国重要的水产品进口来源地之一，主要进口品种包括鳕鱼、鲑鱼、淡水小龙虾等。同时，中国也向俄罗斯出口一定数量的水产品，如淡水鱼、对虾等。2018—2022 年，中国与俄罗斯水产品进出口总额呈先上升后下降再上升的趋势，其中 2022 年进出口总额达 29.4 亿美元，与 2018 年相比增加了 6.1 亿美元，增幅达 26.2%（图 5-23）。

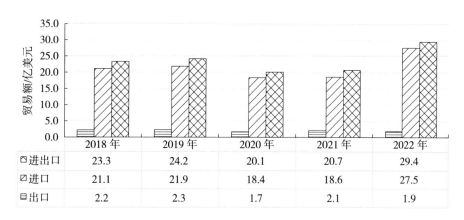

	2018 年	2019 年	2020 年	2021 年	2022 年
进出口	23.3	24.2	20.1	20.7	29.4
进口	21.1	21.9	18.4	18.6	27.5
出口	2.2	2.3	1.7	2.1	1.9

图 5-23　2018—2022 年中国与俄罗斯水产品进出口额情况

出口方面，2018—2022 年中国对俄罗斯水产品出口额变化呈先上升后下降再上升再下降的趋势，2022 年中国对俄罗斯水产品出口额达 1.9 亿美元。中国出口至俄罗斯的水产品品种主要为虾蟹类及制品（0306），鲜、冷、冻鱼片及其他鱼肉（0304），冻鱼（0303），贝类、头足类及其制品（0307）等（图 5-24）。进口方面，2018—2022 年中国对俄罗斯水产品进口额呈先上升后下降再上升的趋势，其中 2022 年中国自俄罗斯进口的水产品总额达 27.5 亿美元（图 5-23）。中国自俄罗斯进口的水产品品种主要为冻鱼（0303），虾蟹类及制品（0306），贝类、头足类及其制品（0307），鲜、冷、冻鱼片及其他鱼肉（0304）（图 5-25）。

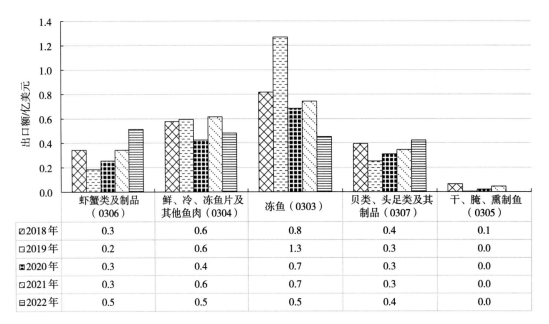

	虾蟹类及制品（0306）	鲜、冷、冻鱼片及其他鱼肉（0304）	冻鱼（0303）	贝类、头足类及其制品（0307）	干、腌、熏制鱼（0305）
☒2018年	0.3	0.6	0.8	0.4	0.1
☐2019年	0.2	0.6	1.3	0.3	0.0
▣2020年	0.3	0.4	0.7	0.3	0.0
▨2021年	0.3	0.6	0.7	0.3	0.0
⊟2022年	0.5	0.5	0.5	0.4	0.0

图 5 - 24　2018—2022 年中国出口至俄罗斯不同水产品种类出口额情况

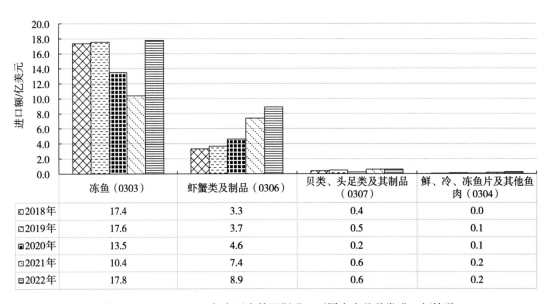

	冻鱼（0303）	虾蟹类及制品（0306）	贝类、头足类及其制品（0307）	鲜、冷、冻鱼片及其他鱼肉（0304）
☒2018年	17.4	3.3	0.4	0.0
☐2019年	17.6	3.7	0.5	0.1
▣2020年	13.5	4.6	0.2	0.1
▨2021年	10.4	7.4	0.6	0.2
⊟2022年	17.8	8.9	0.6	0.2

图 5 - 25　2018—2022 年中国自俄罗斯进口不同水产品种类进口额情况

　　从 2018—2022 年中国与俄罗斯进出口水产品贸易平衡情况来看，中国与俄罗斯间进出口为贸易顺差的品种有鲜、冷、冻鱼片及其他鱼肉（0304）和干、腌、熏制鱼（0305）；贸易逆差品种主要有冻鱼（0303），虾蟹类及制品（0306），贝类、头足类及其制品（0307）（图 5 - 26）。

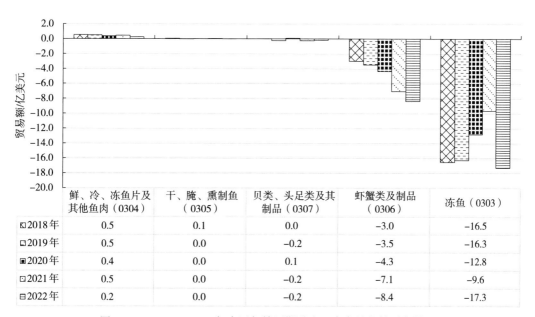

	鲜、冷、冻鱼片及其他鱼肉（0304）	干、腌、熏制鱼（0305）	贝类、头足类及其制品（0307）	虾蟹类及制品（0306）	冻鱼（0303）
2018年	0.5	0.1	0.0	-3.0	-16.5
2019年	0.5	0.0	-0.2	-3.5	-16.3
2020年	0.4	0.0	0.1	-4.3	-12.8
2021年	0.5	0.0	-0.2	-7.1	-9.6
2022年	0.2	0.0	-0.2	-8.4	-17.3

图 5 - 26　2018—2022 年中国与俄罗斯进出口水产品贸易平衡情况

第八节

秘　　鲁

秘鲁是中国在南美洲的重要贸易伙伴之一，两国之间的贸易关系一直保持着稳定的发展。在水产品方面，秘鲁是中国的重要进口来源地之一。近年来，随着中秘两国关系的不断加强，两国在水产品贸易方面的合作也越来越密切。中国从秘鲁进口的水产品种类繁多，包括冷冻鱼类、甲壳类与贝类等。同时，中国也在积极扩大对秘鲁的水产品出口，中国向秘鲁出口的主要水产品包括鱼类、贝类等。2018—2022年，中国与秘鲁水产品进出口总额呈先上升后下降再上升再下降的趋势，其中2022年进出口总额达2.0亿美元，与2018年相比增加了2倍多（图5-27）。

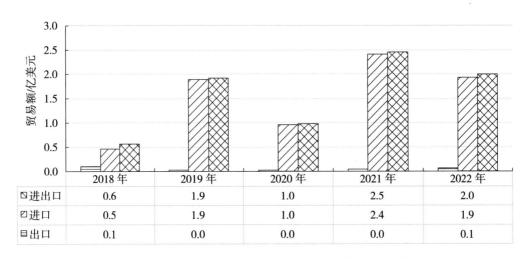

图5-27　2018—2022年中国与秘鲁水产品进出口额情况

出口方面，2018—2022年中国对秘鲁水产品出口额变化呈先下降再上升的趋势，2022年中国对秘鲁水产品出口额为0.1亿美元（图5-27）。中国出口至秘鲁的水产品品种主要为贝类、头足类及其制品（0307），鲜、冷、冻鱼片及其他鱼肉（0304），冻鱼（0303）等（图5-28）。进口方面，与进出口总额变化类似，2018—2022年中国对秘鲁水产品进口额呈先上升后下降再上升再下降的趋势，其中2022年中国自秘鲁进口的水产品总额达1.9亿美元（图5-27）。中国自秘鲁进口的主要品种为虾蟹类及制品（0306），冻鱼（0303），贝类、头足类及其制品（0307）（图5-29）。

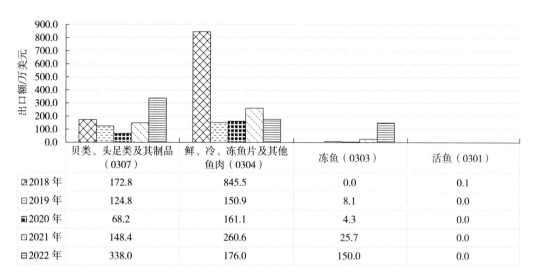

	贝类、头足类及其制品（0307）	鲜、冷、冻鱼片及其他鱼肉（0304）	冻鱼（0303）	活鱼（0301）
2018 年	172.8	845.5	0.0	0.1
2019 年	124.8	150.9	8.1	0.0
2020 年	68.2	161.1	4.3	0.0
2021 年	148.4	260.6	25.7	0.0
2022 年	338.0	176.0	150.0	0.0

图 5-28　2018—2022 年中国出口至秘鲁不同水产品种类出口额情况

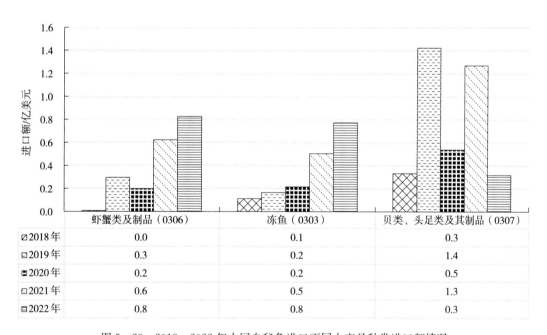

	虾蟹类及制品（0306）	冻鱼（0303）	贝类、头足类及其制品（0307）
2018 年	0.0	0.1	0.3
2019 年	0.3	0.2	1.4
2020 年	0.2	0.2	0.5
2021 年	0.6	0.5	1.3
2022 年	0.8	0.8	0.3

图 5-29　2018—2022 年中国自秘鲁进口不同水产品种类进口额情况

从 2018—2022 年中国与秘鲁进出口水产品贸易平衡情况来看，中国与秘鲁间进出口为贸易顺差的品种有鲜、冷、冻鱼片及其他鱼肉（0304）；贸易逆差品种主要有虾蟹类及制品（0306），冻鱼（0303），贝类、头足类及其制品（0307）（图 5-30）。

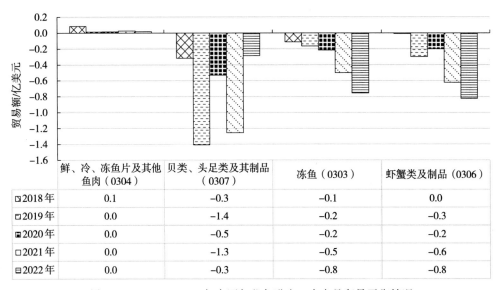

	鲜、冷、冻鱼片及其他鱼肉（0304）	贝类、头足类及其制品（0307）	冻鱼（0303）	虾蟹类及制品（0306）
⊠ 2018年	0.1	−0.3	−0.1	0.0
☐ 2019年	0.0	−1.4	−0.2	−0.3
▦ 2020年	0.0	−0.5	−0.2	−0.2
☐ 2021年	0.0	−1.3	−0.5	−0.6
⊟ 2022年	0.0	−0.3	−0.8	−0.8

图 5 - 30　2018—2022 年中国与秘鲁进出口水产品贸易平衡情况

第九节
挪　　威

中国与挪威在水产品国际贸易方面有着紧密的联系。挪威向中国出口的海产品主要包括三文鱼、鳕鱼、鳟鱼、鲱鱼和虾蟹贝类等。其中，三文鱼在出口份额中占据了相当大的比例。截至2023年10月，挪威三文鱼对中国的出口额同比增长近85%，出口量同比增长近64%，中国市场首次超越日本和韩国，成为挪威冰鲜三文鱼在亚洲最大的出口市场。2018—2022年，挪威与中国的水产品贸易关系呈现出稳步增长的态势，其中2022年进出口总额达9.3亿美元，较2018年增加了3.3亿美元，增幅达55.0%（图5-31）。

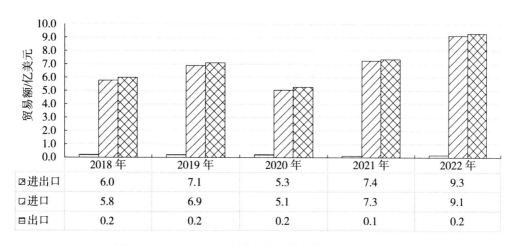

	2018年	2019年	2020年	2021年	2022年
☒进出口	6.0	7.1	5.3	7.4	9.3
☐进口	5.8	6.9	5.1	7.3	9.1
☐出口	0.2	0.2	0.2	0.1	0.2

图5-31　2018—2022年中国与挪威水产品进出口额情况

出口方面，2018—2022年中国对挪威水产品出口额较为稳定，除2021年受新冠疫情影响外，均稳定在0.2亿美元。中国出口至挪威的水产品品种主要为鲜、冷、冻鱼片及其他鱼肉（0304），干、腌、熏制鱼（0305），贝类、头足类及其制品（0307）和冻鱼（0303）（图5-32）。进口方面，2018—2022年中国对挪威水产品进口额呈先上升后下降再上升的趋势，2020年受全球新冠疫情影响，中国自挪威进口水产品额度稍有下降，但随后两年均有显著提升，其中2022年中国自挪威进口的水产品总额达9.1亿美元。中国自挪威进口的主要品种为冻鱼（0303），鱼（0302，除0304外），鲜、冷、冻鱼片及其他鱼肉（0304），虾蟹类及制品（0306）（图5-33）。

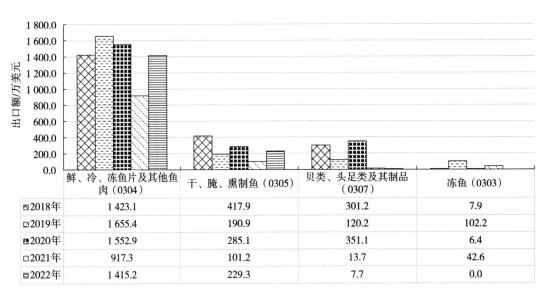

	鲜、冷、冻鱼片及其他鱼肉（0304）	干、腌、熏制鱼（0305）	贝类、头足类及其制品（0307）	冻鱼（0303）
2018年	1 423.1	417.9	301.2	7.9
2019年	1 655.4	190.9	120.2	102.2
2020年	1 552.9	285.1	351.1	6.4
2021年	917.3	101.2	13.7	42.6
2022年	1 415.2	229.3	7.7	0.0

图 5 - 32　2018—2022 年中国出口至挪威不同水产品种类出口额情况

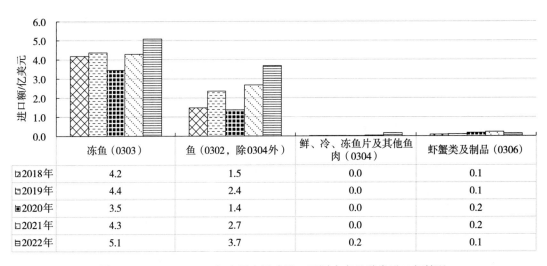

	冻鱼（0303）	鱼（0302，除0304外）	鲜、冷、冻鱼片及其他鱼肉（0304）	虾蟹类及制品（0306）
2018年	4.2	1.5	0.0	0.1
2019年	4.4	2.4	0.0	0.1
2020年	3.5	1.4	0.0	0.2
2021年	4.3	2.7	0.0	0.2
2022年	5.1	3.7	0.2	0.1

图 5 - 33　2018—2022 年中国自挪威进口不同水产品种类进口额情况

　　从 2018—2022 年中国与挪威进出口水产品贸易平衡情况来看，中国与挪威间进出口为贸易顺差的品种有鲜、冷、冻鱼片及其他鱼肉（0304），干、腌、熏制鱼（0305）（2018年顺差为 166.9 万美元）；贸易逆差品种主要有冻鱼（0303），鱼（0302，除 0304 外），虾蟹类及制品（0306）（图 5 - 34）。

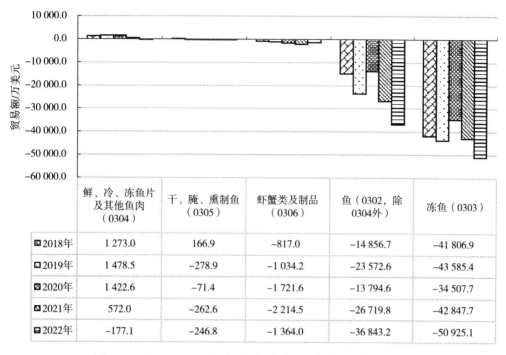

	鲜、冷、冻鱼片及其他鱼肉（0304）	干、腌、熏制鱼（0305）	虾蟹类及制品（0306）	鱼（0302，除0304外）	冻鱼（0303）
☒ 2018年	1 273.0	166.9	−817.0	−14 856.7	−41 806.9
☐ 2019年	1 478.5	−278.9	−1 034.2	−23 572.6	−43 585.4
☒ 2020年	1 422.6	−71.4	−1 721.6	−13 794.6	−34 507.7
☒ 2021年	572.0	−262.6	−2 214.5	−26 719.8	−42 847.7
☐ 2022年	−177.1	−246.8	−1 364.0	−36 843.2	−50 925.1

图 5 - 34　2018—2022 年中国与挪威进出口水产品贸易平衡情况

第十节
印　度

中国与印度水产品国际贸易在近年来呈现增长趋势，但贸易平衡和结构存在差异。中国对印度的水产品出口以冻鱼等为主，进口则以甲壳类为主。2018—2022 年，中国与印度水产品进出口总额呈先上升后下降再上升的趋势，其中 2022 年进出口总额达 12.7 亿美元，与 2018 年相比增加了 8.8 亿美元，增幅巨大，中印两国水产品进出口贸易具有广阔的前景与巨大的发展空间（图 5 - 35）。

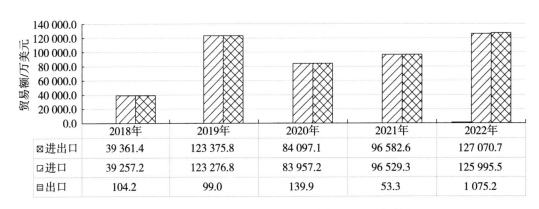

	2018年	2019年	2020年	2021年	2022年
⊠进出口	39 361.4	123 375.8	84 097.1	96 582.6	127 070.7
▢进口	39 257.2	123 276.8	83 957.2	96 529.3	125 995.5
▤出口	104.2	99.0	139.9	53.3	1 075.2

图 5 - 35　2018—2022 年中国与印度水产品进出口额情况

出口方面，2018—2022 年中国对印度水产品出口额变化呈先小幅度下降后上升再下降后再大幅上升的趋势，其中 2022 年中国对印度水产品出口额达 1 075.2 万美元，比 2021 年增长 1 021.9 万美元。2022 年中国出口至印度的水产品品种主要为冻鱼（0303），虾蟹类及制品（0306），活鱼（0301）（图 5 - 36）。自印度进口方面，与进出口总额变化类似，2018—2022 年进口额呈先上升后下降再上升的趋势，其中 2022 年中国自印度进口的水产品总额约为 12.6 亿美元。中国自印度进口的主要品种为虾蟹类及制品（0306），冻鱼（0303），贝类、头足类及其制品（0307），鲜、冷、冻鱼片及其他鱼肉（0304）（图 5 - 37）。

从 2018—2022 年中国与印度进出口水产品贸易平衡情况来看，中国与印度进出口贸易无顺差品种；贸易逆差品种主要有虾蟹类及制品（0306），冻鱼（0303），贝类、头足类及其制品（0307）和鲜、冷、冻鱼片及其他鱼肉（0304）（图 5 - 38）。

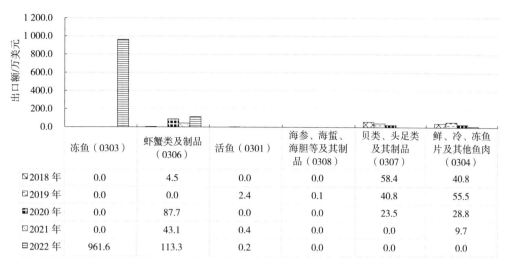

	冻鱼（0303）	虾蟹类及制品（0306）	活鱼（0301）	海参、海蜇、海胆等及其制品（0308）	贝类、头足类及其制品（0307）	鲜、冷、冻鱼片及其他鱼肉（0304）
▨2018 年	0.0	4.5	0.0	0.0	58.4	40.8
▢2019 年	0.0	0.0	2.4	0.1	40.8	55.5
▰2020 年	0.0	87.7	0.0	0.0	23.5	28.8
▦2021 年	0.0	43.1	0.4	0.0	0.0	9.7
▤2022 年	961.6	113.3	0.2	0.0	0.0	0.0

图 5 - 36　2018—2022 年中国出口至印度不同水产品种类出口额情况

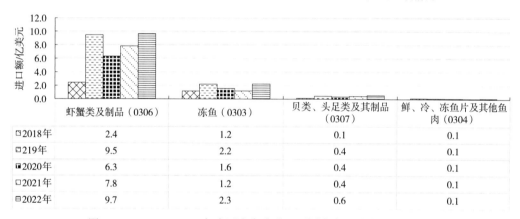

	虾蟹类及制品（0306）	冻鱼（0303）	贝类、头足类及其制品（0307）	鲜、冷、冻鱼片及其他鱼肉（0304）
▢2018年	2.4	1.2	0.1	0.1
▢219年	9.5	2.2	0.4	0.1
▰2020年	6.3	1.6	0.4	0.1
▢2021年	7.8	1.2	0.4	0.1
▤2022年	9.7	2.3	0.6	0.1

图 5 - 37　2018—2022 年中国自印度进口不同水产品种类进口额情况

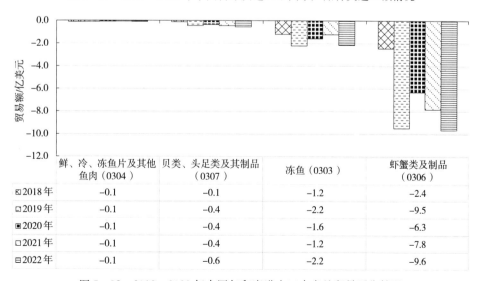

	鲜、冷、冻鱼片及其他鱼肉（0304）	贝类、头足类及其制品（0307）	冻鱼（0303）	虾蟹类及制品（0306）
▨2018 年	-0.1	-0.1	-1.2	-2.4
▢2019 年	-0.1	-0.4	-2.2	-9.5
▰2020 年	-0.1	-0.4	-1.6	-6.3
▢2021 年	-0.1	-0.4	-1.2	-7.8
▤2022 年	-0.1	-0.6	-2.2	-9.6

图 5 - 38　2018—2022 年中国与印度进出口水产品贸易平衡情况

第十一节

加 拿 大

中国和加拿大之间的水产品贸易关系日益紧密。中国从加拿大进口的水产品数量逐年增加,而加拿大从中国进口的水产品数量也在稳步增长。这一趋势预示着两国在水产品贸易方面的相互依赖性不断增强。中国从加拿大进口的主要水产品包括甲壳类、贝类及冻鱼等。中国向加拿大出口的水产品主要包括淡冷冻鱼片、贝类及干腌制品等。中国在养殖技术和经验方面具有优势,而加拿大则在渔业资源、加工技术和市场开发方面具有优势。通过相互合作,两国可以共同推动水产品贸易的发展,实现互利共赢。2018—2019年中国与加拿大水产品进出口总额呈上升趋势,2020年进出口总额下降,2021—2022年中国与加拿大水产品进出口额逐渐上升,2022年达15.5亿美元,为2018—2022年最高进出口总额,与2018年相比增加了2.4亿美元,增幅近18.3%(图5-39)。

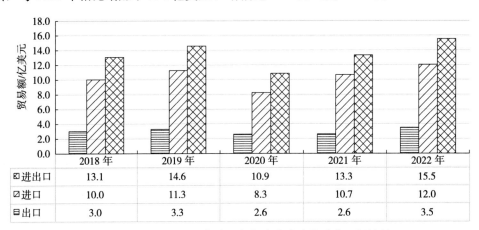

图 5-39 2018—2022 年中国与加拿大水产品进出口额情况

出口方面,与进出口变化趋势一致,2018—2022年中国出口至加拿大的水产品总额呈先上升后下降再上升的趋势(图5-39),2022年中国对加拿大水产品出口额达3.5亿美元,主要出口品种为鲜、冷、冻鱼片及其他鱼肉(0304),出口额达2.1亿美元,其次是贝类、头足类及其制品(0307)和干、腌、熏制鱼(0305)等(图5-40)。进口方面,与进出口趋势一致,2018—2022年中国自加拿大进口的水产品总额呈先上升后下降再上升的趋势(图5-39),2022年中国自加拿大水产品进口总额达12.0亿美元,主要进口品种为虾蟹类及制品(0306),进口额达9.7亿美元,其次是贝类、头足类及其制品(0307)

和冻鱼（0303）等（图 5-41）。

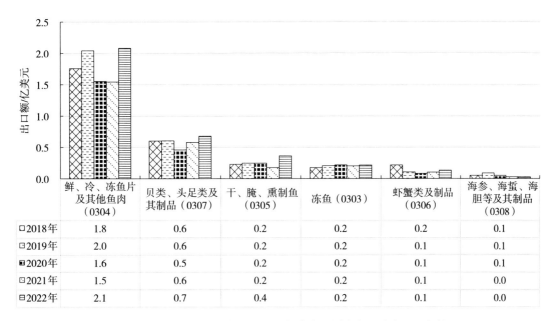

	鲜、冷、冻鱼片及其他鱼肉（0304）	贝类、头足类及其制品（0307）	干、腌、熏制鱼（0305）	冻鱼（0303）	虾蟹类及制品（0306）	海参、海蜇、海胆等及其制品（0308）
□2018年	1.8	0.6	0.2	0.2	0.2	0.1
□2019年	2.0	0.6	0.2	0.2	0.1	0.1
■2020年	1.6	0.5	0.2	0.2	0.1	0.1
□2021年	1.5	0.6	0.2	0.2	0.1	0.0
□2022年	2.1	0.7	0.4	0.2	0.1	0.0

图 5-40　2018—2022 年中国出口至加拿大不同水产品种类出口额情况

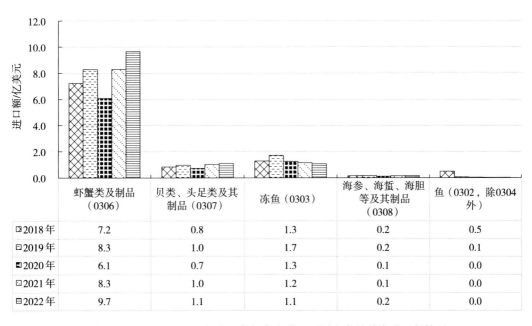

	虾蟹类及制品（0306）	贝类、头足类及其制品（0307）	冻鱼（0303）	海参、海蜇、海胆等及其制品（0308）	鱼（0302，除0304外）
□2018年	7.2	0.8	1.3	0.2	0.5
□2019年	8.3	1.0	1.7	0.2	0.1
■2020年	6.1	0.7	1.3	0.1	0.0
□2021年	8.3	1.0	1.2	0.1	0.0
□2022年	9.7	1.1	1.1	0.2	0.0

图 5-41　2018—2022 年中国自加拿大进口不同水产品种类进口额情况

　　中国与加拿大间进出口为贸易顺差的品种主要有鲜、冷、冻鱼片及其他鱼肉（0304）和干、腌、熏制鱼（0305）；为贸易逆差的品种主要有虾蟹类及制品（0306），冻鱼（0303），贝类、头足类及其制品（0307），海参、海蜇、海胆等及其制品（0308）（图 5-42）。

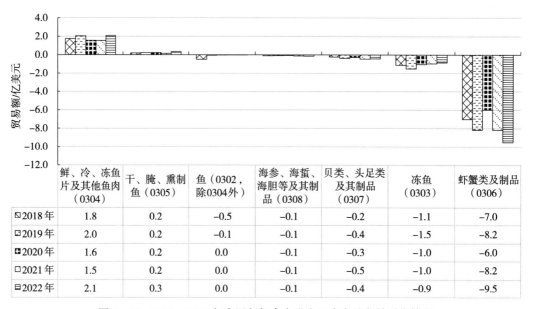

	鲜、冷、冻鱼片及其他鱼肉（0304）	干、腌、熏制鱼（0305）	鱼（0302，除0304外）	海参、海蜇、海胆等及其制品（0308）	贝类、头足类及其制品（0307）	冻鱼（0303）	虾蟹类及制品（0306）
◨2018年	1.8	0.2	−0.5	−0.1	−0.2	−1.1	−7.0
◲2019年	2.0	0.2	−0.1	−0.1	−0.4	−1.5	−8.2
▦2020年	1.6	0.2	0.0	−0.1	−0.3	−1.0	−6.0
▢2021年	1.5	0.2	0.0	−0.1	−0.5	−1.0	−8.2
▤2022年	2.1	0.3	0.0	−0.1	−0.4	−0.9	−9.5

图 5-42　2018—2022 年中国与加拿大进出口水产品贸易平衡情况

第十二节
智　利

中国与智利的贸易关系近年来持续深化，水产品进出口贸易也呈现出良好的发展态势。智利向中国主要出口鱼类及甲壳类动物以及相关制品等，这些产品多数为智利本国丰富的渔业资源所捕捞和加工而成，满足了中国市场对高品质水产品的需求。同时，智利也从中国进口了大量的虾蟹类及其制品、鱼类及贝类头足类等，这些产品多数为中国的优势水产品种类。2018—2021 年中国与智利水产品进出口总额呈下降趋势，2021 年进出口总额降低至 2.2 亿美元，2022 年进出口总额有所上升，2022 年的进出口总额为 3.9 亿美元，与 2018 年相比下降了 1.2 亿美元，降幅达 23.5%（图 5 - 43）。

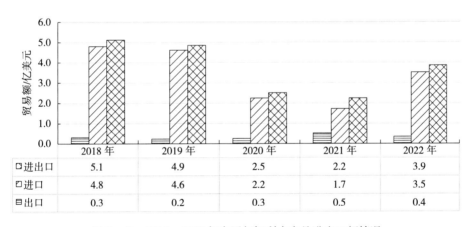

	2018 年	2019 年	2020 年	2021 年	2022 年
进出口	5.1	4.9	2.5	2.2	3.9
进口	4.8	4.6	2.2	1.7	3.5
出口	0.3	0.2	0.3	0.5	0.4

图 5 - 43　2018—2022 年中国与智利水产品进出口额情况

出口方面，2018—2022 年出口额变化趋势为先下降后上升再下降，2022 年出口额达 0.4 亿美元（图 5 - 43），主要出口品种为虾蟹类及制品（0306），鲜、冷、冻鱼片及其他鱼肉（0304）和贝类、头足类及其制品（0307）及少量的干、腌、熏制鱼（0305）（图 5 - 44）。2018—2022 年中国自智利水产品进口额呈先下降后上升的趋势，2022 年进口额达 3.5 亿美元（图 5 - 43），主要进口品种为冻鱼（0303），鱼（0302，除 0304 外）和虾蟹类及制品（0306）等（图 5 - 45）。

中国与智利间进出口为贸易顺差的品种主要有贝类、头足类及其制品（0307）和鲜、冷、冻鱼片及其他鱼肉（0304）；为贸易逆差的品种主要有虾蟹类及制品（0306），鱼（0302）和冻鱼（0303）（图 5 - 46）。

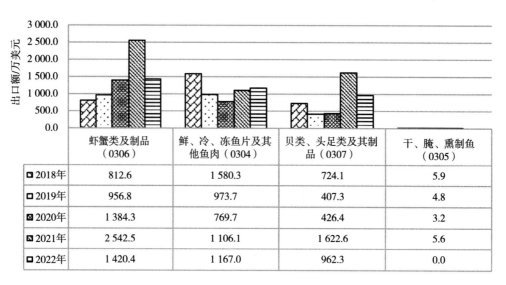

	虾蟹类及制品（0306）	鲜、冷、冻鱼片及其他鱼肉（0304）	贝类、头足类及其制品（0307）	干、腌、熏制鱼（0305）
2018年	812.6	1 580.3	724.1	5.9
2019年	956.8	973.7	407.3	4.8
2020年	1 384.3	769.7	426.4	3.2
2021年	2 542.5	1 106.1	1 622.6	5.6
2022年	1 420.4	1 167.0	962.3	0.0

图5-44 2018—2022年中国出口至智利不同水产品种类出口额情况

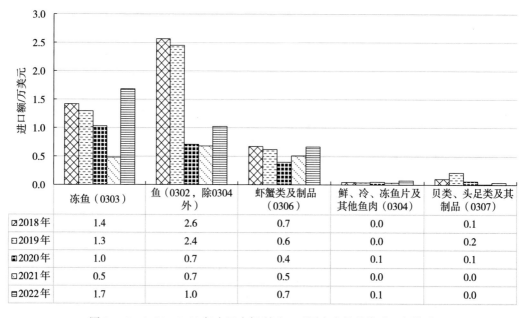

	冻鱼（0303）	鱼（0302，除0304外）	虾蟹类及制品（0306）	鲜、冷、冻鱼片及其他鱼肉（0304）	贝类、头足类及其制品（0307）
2018年	1.4	2.6	0.7	0.0	0.1
2019年	1.3	2.4	0.6	0.0	0.2
2020年	1.0	0.7	0.4	0.1	0.1
2021年	0.5	0.7	0.5	0.0	0.0
2022年	1.7	1.0	0.7	0.1	0.0

图5-45 2018—2022年中国自智利进口不同水产品种类进口额情况

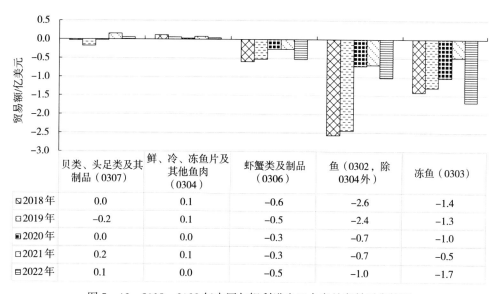

	贝类、头足类及其制品（0307）	鲜、冷、冻鱼片及其他鱼肉（0304）	虾蟹类及制品（0306）	鱼（0302，除0304外）	冻鱼（0303）
▨2018年	0.0	0.1	-0.6	-2.6	-1.4
▢2019年	-0.2	0.1	-0.5	-2.4	-1.3
▣2020年	0.0	0.0	-0.3	-0.7	-1.0
▢2021年	0.2	0.1	-0.3	-0.7	-0.5
⊟2022年	0.1	0.0	-0.5	-1.0	-1.7

图 5 - 46　2018—2022 年中国与智利进出口水产品贸易平衡情况

第十三节
墨 西 哥

中国和墨西哥的贸易关系在水产品方面展现出了独特的紧密性。近年来，随着两国经济的不断深入和发展，水产品贸易额持续增长，形成了富有活力的贸易景象。2018—2019年中国与墨西哥水产品进出口总额呈上升趋势，2019年进出口总额为2.7亿美元，达到2018—2022年最高水平，2020—2022年进出口总额较2019年分别减少了0.8亿美元、0.5亿美元和0.3亿美元，降幅分别为29.6%、18.5%和11.1%。2022年中国与墨西哥水产品进出口总额逐渐恢复，与2018年基本持平（图5-47）。

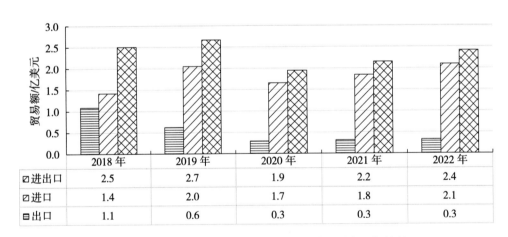

	2018 年	2019 年	2020 年	2021 年	2022 年
进出口	2.5	2.7	1.9	2.2	2.4
进口	1.4	2.0	1.7	1.8	2.1
出口	1.1	0.6	0.3	0.3	0.3

图 5-47　2018—2022 年中国与墨西哥水产品进出口额情况

出口方面，2018—2022年中国对墨西哥水产品出口额呈先下降后上升的变化趋势（图5-47），2022年出口额为3 262.2万美元，主要出口品种为贝类、头足类及其制品（0307），出口额达2 011.7万美元，其次是鲜、冷、冻鱼片及其他鱼肉（0304）和冻鱼（0303），少量的干、腌、熏制鱼（0305）和虾蟹类及制品（0306）（图5-48）。自墨西哥进口方面，2018—2022年进口额变化情况为先上升后下降再上升，2022年进口额为2.1亿美元，主要进口品种为虾蟹类及制品（0306），进口额约为1.3亿美元，其次是贝类、头足类及其制品（0307）、海参、海蜇、海胆等及其制品（0308）和冻鱼（0303）（图5-49）。

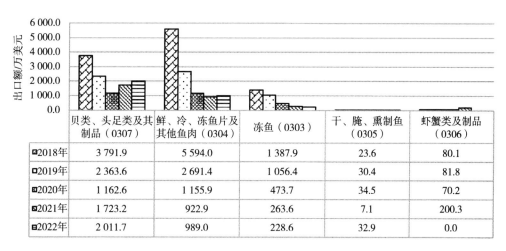

	贝类、头足类及其制品（0307）	鲜、冷、冻鱼片及其他鱼肉（0304）	冻鱼（0303）	干、腌、熏制鱼（0305）	虾蟹类及制品（0306）
▨ 2018年	3 791.9	5 594.0	1 387.9	23.6	80.1
□ 2019年	2 363.6	2 691.4	1 056.4	30.4	81.8
▨ 2020年	1 162.6	1 155.9	473.7	34.5	70.2
▨ 2021年	1 723.2	922.9	263.6	7.1	200.3
▤ 2022年	2 011.7	989.0	228.6	32.9	0.0

图 5-48　2018—2022 年中国出口至墨西哥不同水产品种类出口额情况

	虾蟹类及制品（0306）	贝类、头足类及其制品（0307）	海参、海蜇、海胆等及其制品（0308）	冻鱼（0303）
▨ 2018年	9 991.5	2 707.2	739.7	699.7
□ 2019年	14 289.4	3 507.3	1 306.7	1 348.1
▨ 2020年	13 200.9	2 681.2	342.8	318.7
▨ 2021年	13 422.9	3 674.4	1 084.2	228.8
▢ 2022年	12 655.9	5 412.0	1 803.6	1 022.3

图 5-49　2018—2022 年中国自墨西哥进口不同水产品种类进口额情况

　　中国与墨西哥间进出口为贸易顺差的品种主要有鲜、冷、冻鱼片及其他鱼肉（0304）；为贸易逆差的品种主要有冻鱼（0303），海参、海蜇、海胆等及其制品（0308），贝类、头足类及其制品（0307）和虾蟹类及制品（0306）（图 5-50）。

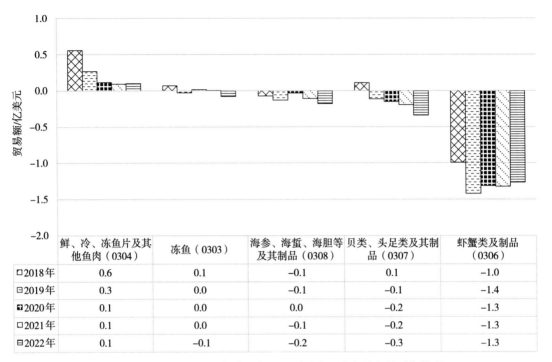

	鲜、冷、冻鱼片及其他鱼肉（0304）	冻鱼（0303）	海参、海蜇、海胆等及其制品（0308）	贝类、头足类及其制品（0307）	虾蟹类及制品（0306）
□2018年	0.6	0.1	−0.1	0.1	−1.0
□2019年	0.3	0.0	−0.1	−0.1	−1.4
▣2020年	0.1	0.0	0.0	−0.2	−1.3
□2021年	0.1	0.0	−0.1	−0.2	−1.3
▤2022年	0.1	−0.1	−0.2	−0.3	−1.3

图 5-50   2018—2022 年中国与墨西哥进出口水产品贸易平衡情况

第十四节
澳大利亚

中国与澳大利亚间水产品进出口贸易具有较好的基础，但受新冠疫情、澳大利亚市场需求萎缩及澳大利亚与越南等国前述的贸易协定（部分产品出口至澳大利亚零关税）等多重因素的综合作用下，目前中国与澳大利亚进出口贸易规模逐年降低。2018—2019 年中国与澳大利亚水产品进出口总额呈上升趋势，2019 年进出口总额为 8.5 亿美元，达到 2018—2022 年最高水平，2020—2022 年进出口总额呈下降趋势，与 2019 年相比分别下降了 2.5 亿美元、5.1 亿美元和 4.9 亿美元，降幅分别为 29.4%、60.0% 和 57.6%（图 5-51）。

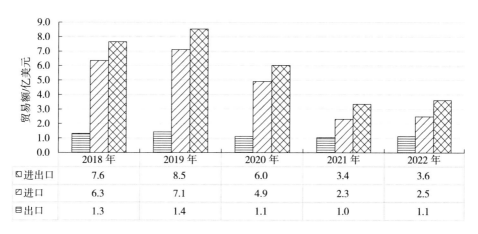

	2018 年	2019 年	2020 年	2021 年	2022 年
进出口	7.6	8.5	6.0	3.4	3.6
进口	6.3	7.1	4.9	2.3	2.5
出口	1.3	1.4	1.1	1.0	1.1

图 5-51　2018—2022 年中国与澳大利亚水产品进出口额情况

出口方面，与进出口总额变化趋势一致，2018—2022 年中国对澳大利亚水产品出口额的变化趋势为先上升后下降再上升，2022 年出口额为 1.1 亿美元（图 5-51），主要出口品种为贝类、头足类及其制品（0307），出口额达 0.8 亿美元，其次是鲜、冷、冻鱼片及其他鱼肉（0304），冻鱼（0303）和虾蟹类及制品（0306）等（图 5-52）。进口方面，与进出口总额变化趋势一致，2018—2022 年进口额变化情况为先上升后下降再上升，2022 年进口额为 2.5 亿美元，主要进口品种为鱼（0302，除 0304 外），贝类、头足类及其制品（0307），虾蟹类及制品（0306）和冻鱼（0303）等（图 5-53）。

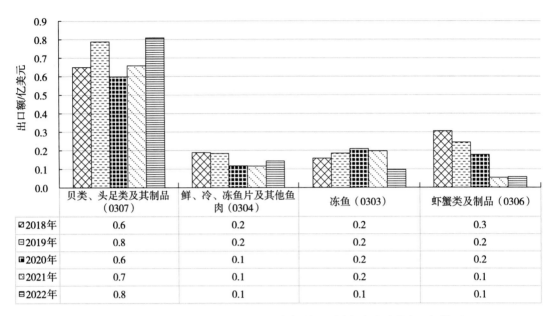

	贝类、头足类及其制品（0307）	鲜、冷、冻鱼片及其他鱼肉（0304）	冻鱼（0303）	虾蟹类及制品（0306）
2018年	0.6	0.2	0.2	0.3
2019年	0.8	0.2	0.2	0.2
2020年	0.6	0.1	0.2	0.2
2021年	0.7	0.1	0.2	0.1
2022年	0.8	0.1	0.1	0.1

图 5-52 2018—2022 年中国出口至澳大利亚不同水产品种类出口额情况

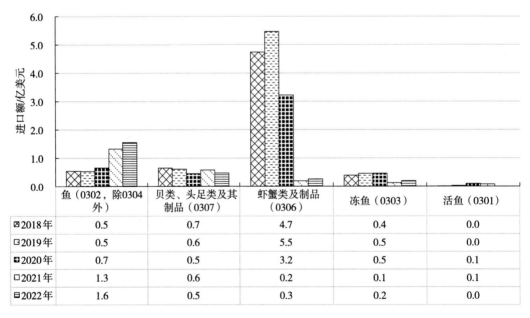

	鱼（0302，除0304外）	贝类、头足类及其制品（0307）	虾蟹类及制品（0306）	冻鱼（0303）	活鱼（0301）
2018年	0.5	0.7	4.7	0.4	0.0
2019年	0.5	0.6	5.5	0.5	0.0
2020年	0.7	0.5	3.2	0.5	0.1
2021年	1.3	0.6	0.2	0.1	0.1
2022年	1.6	0.5	0.3	0.2	0.0

图 5-53 2018—2022 年中国自澳大利亚进口不同水产品种类进口额情况

中国与澳大利亚间进出口为贸易顺差的品种主要有贝类、头足类及其制品（0307）和鲜、冷、冻鱼片及其他鱼肉（0304）；为贸易逆差的品种主要有活鱼（0301），冻鱼（0303），虾蟹类及制品（0306）和鱼（0302，除 0304 外）（图 5-54）。

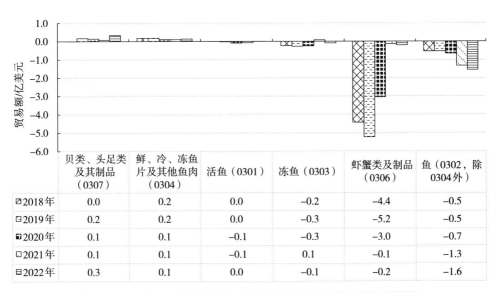

	贝类、头足类 及其制品 （0307）	鲜、冷、冻鱼 片及其他鱼肉 （0304）	活鱼（0301）	冻鱼（0303）	虾蟹类及制品 （0306）	鱼（0302，除 0304外）
▨2018年	0.0	0.2	0.0	−0.2	−4.4	−0.5
▢2019年	0.2	0.2	0.0	−0.3	−5.2	−0.5
▩2020年	0.1	0.1	−0.1	−0.3	−3.0	−0.7
▢2021年	0.1	0.1	−0.1	0.1	−0.1	−1.3
▤2022年	0.3	0.1	0.0	−0.1	−0.2	−1.6

图 5 - 54　2018—2022 年中国与澳大利亚进出口水产品贸易平衡情况

第十五节

新 西 兰

近年来，中国与新西兰的水产品贸易规模持续增长。尽管受到全球新冠疫情的影响，但中国的水产品出口仍然表现出强劲的增长势头。中国对新西兰的水产品出口以加工水产品为主，贝类及冷冻鱼类出口量最大。此外，鲜活和冰鲜鱼类及贝类制品的出口量也占据一定份额。未来，随着中国水产品市场的持续发展，对新西兰的水产品出口也将继续保持增长态势。2018—2019 年中国与新西兰水产品进出口总额呈上升趋势，2020 年进出口总额稍有下降，2021—2022 年进出口总额逐渐上升，2022 年达 5.3 亿美元，为 2018—2022 年最高，与 2018 年相比增加了 0.8 亿美元，增幅达 17.8%（图 5-55）。

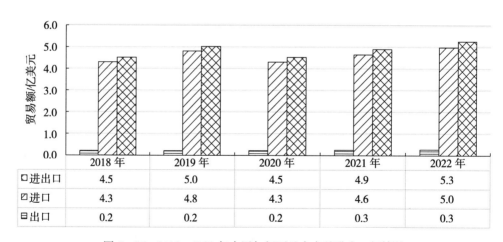

图 5-55 2018—2022 年中国与新西兰水产品进出口额情况

出口方面，2018—2022 年中国对新西兰水产品出口额的变化趋势为稳中略上升，2022 年出口额为 0.3 亿美元（图 5-55），主要出口品种为贝类、头足类及其制品（0307），鲜、冷、冻鱼片及其他鱼肉（0304），冻鱼（0303）和虾蟹类及制品（0306）（图 5-56）。进口方面，与进出口总额变化趋势一致，2018—2022 年进口额变化情况为先上升后下降再上升，2022 年进口额为 5.0 亿美元（图 5-55），主要进口品种为虾蟹类及制品（0306），冻鱼（0303）和贝类、头足类及其制品（0307）等（图 5-57）。

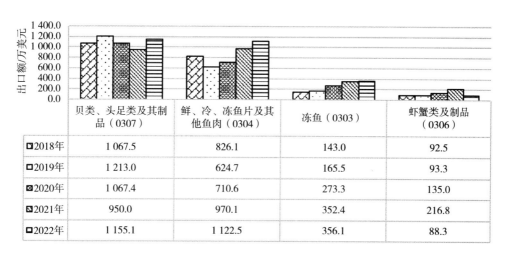

	贝类、头足类及其制品（0307）	鲜、冷、冻鱼片及其他鱼肉（0304）	冻鱼（0303）	虾蟹类及制品（0306）
◨2018年	1 067.5	826.1	143.0	92.5
▢2019年	1 213.0	624.7	165.5	93.3
▩2020年	1 067.4	710.6	273.3	135.0
▨2021年	950.0	970.1	352.4	216.8
▤2022年	1 155.1	1 122.5	356.1	88.3

图 5 - 56　2018—2022 年中国出口至新西兰不同水产品种类出口额情况

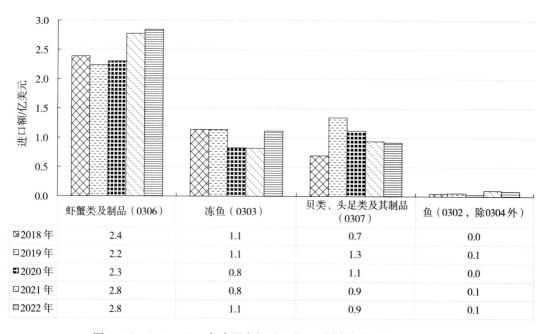

	虾蟹类及制品（0306）	冻鱼（0303）	贝类、头足类及其制品（0307）	鱼（0302，除0304外）
▩2018 年	2.4	1.1	0.7	0.0
▢2019 年	2.2	1.1	1.3	0.1
▤2020 年	2.3	0.8	1.1	0.0
▢2021 年	2.8	0.8	0.9	0.1
▤2022 年	2.8	1.1	0.9	0.1

图 5 - 57　2018—2022 年中国自新西兰进口不同水产品种类进口额情况

　　中国与新西兰间进出口为贸易顺差的品种主要有鲜、冷、冻鱼片及其他鱼肉（0304）；为贸易逆差的品种主要有鱼（0302，除 0304 外），贝类、头足类及其制品（0307），冻鱼（0303）和虾蟹类及制品（0306）（图 5 - 58）。

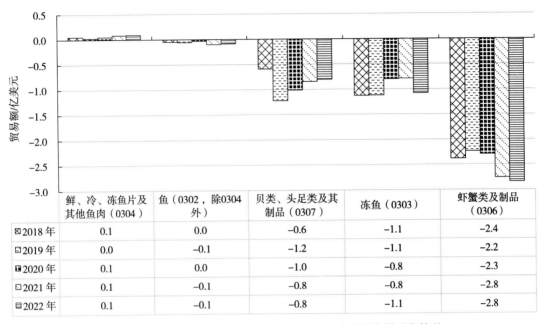

	鲜、冷、冻鱼片及其他鱼肉（0304）	鱼（0302，除0304外）	贝类、头足类及其制品（0307）	冻鱼（0303）	虾蟹类及制品（0306）
⊠2018年	0.1	0.0	−0.6	−1.1	−2.4
⊡2019年	0.0	−0.1	−1.2	−1.1	−2.2
⊞2020年	0.1	0.0	−1.0	−0.8	−2.3
⊡2021年	0.1	−0.1	−0.8	−0.8	−2.8
⊟2022年	0.1	−0.1	−0.8	−1.1	−2.8

图 5 - 58　2018—2022 年中国与新西兰进出口水产品贸易平衡情况

CHAPTER 6 | 第六章

进出口水产品质量安全

第一节
进口水产品质量安全情况

2022 年共检出 40 个国家（地区）未准入境水产品 672 批次，占进口总批次的 2.0‰，同比下降 8.1%。进口水产品未准入境批次排前十位的国家为：越南、印度尼西亚、厄瓜多尔、马来西亚、印度、巴基斯坦、日本、泰国、挪威、苏里南。

一、进口水产品不合格情况

2022 年未准入境水产品危害项目主要有货证不符、食品添加剂超标、未获得检验检疫准入、品质不合格、检出水生动物疫病、证书不合格、包装不合格、标签不合格、检出污染物、农兽药残留、寄生虫、微生物污染等（表 6-1）。检出未获得检验检疫准入的品种包括干海参、冻鲨鱼、冻螺、其他冻鱼类等；食品添加剂超标主要是在冷冻虾仁、鱼干中超剂量使用磷酸及磷酸盐；品质不合格主要为挥发性盐基氮超标、污秽腐败、超过保质期等。

表 6-1　2022 年未准入境水产品危害项目情况

危害项目	数量
货证不符	134
食品添加剂超标	141
未获得检验检疫准入	95
品质不合格	93
检出水生动物疫病	87
证书不合格	85
包装不合格	22
标签不合格	16
污染物	12
农兽药残留	10
寄生虫	8
微生物污染	4

在检出不合格项目中，超限量或超范围使用食品添加剂情况成为第一大因素。2022年，检出进口水产品中添加剂不合格的有141批，较2021年的100批次增长了41%，已经连续三年大幅上涨。全部为从冷冻虾仁和鱼干中检出超限量使用磷酸及磷酸盐，集中在越南、泰国、缅甸、马来西亚等东南亚国家。其中，仅从越南进口水产品中就检出129批次，占比达到91.5%，暴露出当地部门对产品质量、生产监管方面的不足。

在检出不合格项目的进口水产品贸易中，水生动物疫病形势仍十分严峻。2022年，中国从厄瓜多尔、印度、越南、秘鲁、马来西亚等7个国家的87批次进口水产品中检出水生动物疫病，与2021年相比下降了42.4%。全部为虾类疫病，主要为白斑综合征病毒和传染性皮下及造血器官坏死病毒。在检出虾类疫病的水产品中，40批次来自厄瓜多尔，占水生动物疫病检出的45.98%，比2021年减少26批次；25批次来自印度，占水生动物疫病检出的28.74%。厄瓜多尔、印度等国家虾类疫病检出较多，一方面是因为这两个国家作为全球前两位的虾类出口国，在中国进口虾类中占比最大；另一方面是因为白斑综合征病毒和传染性皮下及造血器官坏死病毒作为对虾养殖的最大主要威胁，一旦在养殖环节控制不当极易引起疫病传播。因此当地主管部门要加大对虾养殖业的重点疫病监测，及时掌握发病情况，从源头管控病虾带病毒出口。

此外，不同贸易国家检出的不合格问题各有差异，如厄瓜多尔、印度的动物疫病问题，日本、马来西亚的证书不合格问题，这些国家不合格问题相对单一；还存在一些国家不合格检出问题较多，如越南进口水产品不仅涉及超限量使用添加剂，证书不合格、品质不合格、动物疫病等情况也普遍存在，需要引起更多的注意。

二、进口水产品监督抽检不合格情况

2022年，中国进口监督抽检检出不合格进口水产品270批次，不合格原因分别为动物疫病、食品添加剂超标、标签不合格、品质不合格、污染物超标、兽药残留超标和微生物超标，其中以动物疫病检出最多，共计96批次，其次是食品添加剂超标74批次，集中为进口养殖虾类检测不合格（表6-2）。

表6-2　2022年中国进口水产品监督抽检检出不合格情况

产品类别	动物疫病	食品添加剂超标	标签不合格	品质不合格	污染物超标	兽药残留超标	微生物超标	总计
养殖虾	85	59	18	3	1	10		176
野生虾	8			2				10
养殖鱼			7				1	8
野生鱼	3	1	12	12	4			32
养殖蟹						1		1
野生蟹					6			6
其他野生水产品			4	3				7

（续）

产品类别	动物疫病	食品添加剂超标	标签不合格	品质不合格	污染物超标	兽药残留超标	微生物超标	总计
动物性水产制品		5	4	5	2			16
水产罐头		9						9
藻类及其制品					1		4	5
合计	96	74	45	22	17	11	5	270

第二节
出口水产品质量安全情况

一、出口水产品不合格情况

2022 年，中国 273 批次出口水产品因不符合进口国要求被通报，较 2021 年的 194 批次提高 40.8%，增量明显。通报涉及 13 个国家（地区），其中通报批次列前五位的分别为美国、日本、韩国、欧亚经济联盟、欧盟（表 6-3）。美国通报 120 批次，占通报总数量的 44.0%。其中养殖水产品通报 171 批次，主要是巴沙鱼、罗非鱼、鳗鱼等养殖鱼中检出农兽药残留、污秽腐败等。日本、韩国通报主要是即食水产品微生物超标等。

表 6-3 2022 年通报中国出口水产品的国家（地区）批次情况

通报国家	通报数量
美国	120
日本	36
韩国	27
欧亚经济联盟	24
欧盟	20
俄罗斯	17
澳大利亚	8
加拿大	4
巴西	3
泰国	1
以色列	1
南美洲	1

从被通报的原因看，共涉及 11 类不合格项目（表 6-4），其中微生物超标、农兽药残留是主要的被通报原因，共计 147 批次，占不合格总批次的 59.27%。

微生物超标问题 93 批次，是 2022 年中国水产品被通报次数最多的问题，占被全部通报批次的 37.5%，较 2021 年 91 批次基本持平。通报原因主要有菌落总数或大肠杆菌超标等，产品主要涉及即食贝类和鱼类，其中日本、韩国、欧盟和俄罗斯通报较多，共计 71 批次。

农兽残超标通报 54 批次，占全部被通报批次的 21.7％，较 2021 年提高 80％。说明养殖水产源头农业投入品管理不规范，特别是违禁药的使用未得到根治，加工企业对出口备案基地的监督不到位，原料验收把控不严。

从被通报的原因看，因包装破损、温度控制不佳等被判定为运输受损的共计 30 批次。除疫情影响部分货物滞港时间，以及因储存条件不能持续符合要求造成货物变质腐败外，反映出出口企业加工过程卫生控制存在风险，造成产品污染。

表 6 - 4   2022 年境外通报出口水产品危害项目情况

单位：批次

通报原因	通报数量
微生物超标	93
农兽药残留	54
运输受损	30
食品添加剂超标	19
重金属超标	15
标签不合格	11
未获检验检疫准入	8
未标识过敏原	7
其他不合格项目	7
证书不合格	3
产品未获准入	1

从被通报的产品种类来看，如表 6 - 5 所示，涉及鱼类、虾类、贝类、头足类、藻类及其制品等，其中鱼类共计 188 批次，占比达 68.9％，产品以养殖巴沙鱼、鳗鱼、罗非鱼为主。

表 6 - 5   2022 年境外通报出口水产品类别情况

单位：批次

产品种类	通报数量
养殖鱼及其制品	145
野生鱼及其制品	43
养殖虾及其制品	26
贝类及其制品	20
头足类及其制品	17
藻类及其制品	8
其他水产及其制品	14

二、出口水产品风险监测情况和监督抽检

2022 年中国出口水产品风险监测采集样本 482 个，检出超标准限量样本 28 个，如

表 6-6 所示。

表 6-6 2022 年中国出口水产品风险监测超限量值情况

产品类别	兽药残留	水生动物疫病	污染物超标	总计
其他野生水产品			11	11
养殖贝			1	1
养殖虾	1	3		4
养殖鱼	8		3	11
野生蟹			1	1
合计	9	3	16	28

2022 年中国出口水产品监督抽检中，共上报不合格样本数 30 个，详见表 6-7。

表 6-7 2022 年中国出口水产品监督抽检超限量值情况

产品类别	品质不合格	污染物	兽药残留超标	食品添加剂超标	微生物超标	总计
动物性水产制品	1		1	5	5	12
水产罐头			1	1		2
养殖贝					2	2
养殖虾			1			1
养殖鱼			2	1	5	8
野生软体水生动物		1				1
野生虾				1		1
野生蟹					1	1
藻类及其制品		2				2
合计	1	3	5	8	13	30

第三节

影响水产品贸易的质量安全因素分析

除了各国政治性、经济性因素之外，质量安全因素是影响水产品贸易的主要因素。水产品质量安全与农产品质量安全一样，属于食品安全的大范畴，但因水产生物自身的生物学特性、生长或养殖环境的特殊性，其质量安全影响因素也相对复杂，主要可分为物理性危害、化学性危害、生物性危害三大类。

一、物理性危害

物理性危害主要指水产品中非正常出现的物理固体物质，对水产品质量或对消费者造成的危害。

（一）来自水产品原料及生产、储藏、运输过程中的异物

如水产品原料自身含有的骨刺、虾蟹壳、贝壳等，如果在加工过程中不能将其有效剔除而形成残留，则会对消费者身体造成潜在的威胁；在原料采收过程中可能会混入的某些其他水产品异物，如海带、紫菜等采收时混入的杂藻等，虽然不会导致明显的安全风险，但是对产品的感官等性质可能会造成影响，因此会降低产品的质量。

（二）客观外来异杂物

如在原料捕捞采收、生产加工、流通消费过程中，可能由于卫生管理不严格、操作不规范、设施或包装材料意外破损等原因而混入的金属碎片、塑料绳、昆虫、毛发、砂石等。

（三）人为故意的掺杂、掺假物

个别生产经营者为了非法获取更大的利益而掺杂掺假，如在鱼肚中塞入金属物增重等。

二、化学性危害

化学性危害主要指天然或人为生产、使用的化学物质污染水产品而引起的危害。水产品中的有害物质通过环境蓄积、生物转化或化学反应等方式损害健康，或者通过接触对人体具有严重危害和具有潜在危害的化学品而造成的危害。主要包括农药残留、渔药残留、有害重金属、持久性有机污染物等。

（一）农药残留

现代农业生产中常使用化学农药用于杀虫、除草及改善土壤等，其残留由于降水等形式将化学农药带到水中，对水生环境造成污染。水产动物生存在受污染的环境中，不仅对动物生长带来安全隐患，更由于其自身富集环境中的农药残留，容易造成鱼、虾、贝等水生生物体内农药残留超标，带来食用安全隐患与贸易纠纷。随着农药科技发展速度的不断提高，世界上的农药品种也越来越多，上市流通的商品农药已超过1 500种，常用的有三四百种。农药残留是影响水产动物生长安全和消费者安全的重要因素之一，受到国际社会的普遍关注。

农药残留对人体的危害主要表现为三种形式：急性毒性、慢性毒性和"三致"毒性。

1. 急性毒性

水生动物生长在环境中，水产品中的农药残留虽然不会造成急性中毒，但已发现在养殖甚至在加工生产过程中存在着违规使用农药来清除杂鱼、杀虫、防虫的问题，这样就存在急性中毒的可能性，需要重点关注，严管重罚。

2. 慢性毒性

使用的绝大多数有机合成农药都是脂溶性的，易残留于食品原料中。若长期食用农药残留量较高的食品，会长期在人体内逐渐蓄积，最终导致机体生理功能发生变化，引起慢性中毒。许多农药可损害神经系统、内分泌系统、生殖系统、肝脏和肾脏，降低机体免疫功能，引起各种疾病。这种中毒过程较为缓慢，短时间内症状不很明显，但潜在的危害性很大。

3. "三致"毒性

通过动物实验已证明，有些农药具有致癌、致畸和致突变作用，或者具有潜在"三致"作用，存在于水产品中的残留存在着该类未知风险，应该予以关注。

（二）渔药残留

病害防治是渔业规模化养殖必然存在的环节，在防治过程中使用药物是常用的病害预防控制方法。渔用药物在水生动物中代谢不完全、产生积累而形成渔药残留或者生成其他的有害物质，常称为渔药残留，会给食用安全带来潜在危害。常见及重点关注的药物残留包括氯霉素、孔雀石绿、硝基呋喃类等禁用药物，以及喹诺酮类、磺胺类、四环素类等限用药物。特别是使用违禁药物或渔药残留超过安全限量的水产品，摄食后将会对人体的健康带来风险隐患。渔药残留对人体的危害主要表现为三种形式：毒性作用、激素（样）作用和耐药性。

1. 毒性作用

含有渔药残留的水产品一旦被人长期大量食用后，会有负面作用：有少数药物残留能致敏易感个体，有些通常产生慢性、蓄积毒性甚至具有"三致"及其他毒性作用。外源性物质的毒效与接触剂量和时间密切相关。动物组织中药物残留水平通常都很低，并不会引起急性毒性作用。绝大多数药物残留通常产生慢性、蓄积毒性作用，有些药物具有"三致"（致癌、致畸、致突变）及其他毒性作用等。如磺胺类药物，其残留能破坏人的造血系统，造成溶血性贫血症、粒细胞缺乏症、血小板减少症等。

2. 激素（样）作用

含有性激素的水产品长期被人食用后可产生一系列激素（样）作用，如潜在致癌性、发育毒性（儿童早熟）及女性男性化或男性女性化现象。

3. 耐药性

渔药残留可导致致病菌对抗菌药物耐药，引起人类和动物细菌感染性疾病治疗的失败。其一，易诱导耐药菌株，这些耐药菌株的耐药基因能通过食物链在动物、人和生态系统的细菌中相互传递。其二，人食用含抗菌药物残留的动物性食品后，可能干扰人肠道内正常菌丛和直接诱导产生耐药菌株。

（三）有害重金属

主要源于工业的"三废"污染及环境、养殖投入品中的污染。当污染由于降水、水体迁移等将有害重金属带到水产动物生长水域造成污染，使水体中浮游生物吸收较高水平的重金属。水产动物通过食物链富集重金属，如海藻类、滤食性双壳贝类、大型肉食性鱼类中的有害重金属，一直是公众关注的重点。水产品中关注的重金属主要包括铅（Pb）、镉（Cd）、汞（Hg）、铬（Cr）、铜（Cu）等，以及"类金属"砷（As），水产品中汞、砷评价常用甲基汞、无机砷指标等。

有害重金属毒性作用与其存在形式有关，具有富集性，难消除，在一些水产品中具有蓄积特异性。不同重金属的毒性和引起的症状各不相同，如危害人的神经系统，对造血系统、肾脏造成损伤，在人体中积累引起急性、慢性中毒，以及其他"三致"等毒性作用。

1. 汞

汞是强蓄积性有害物，主要危害人的神经系统，使脑部受损，造成汞中毒性脑病引起的四肢麻痹、运动失调、视野变窄、听力困难等症状，重者心力衰竭而死亡，长期摄入被甲基汞污染的食品可致甲基汞中毒。20 世纪 50 年代，日本发生的"水俣病"，即是汞中毒的典型案例。

2. 镉

镉可在人体中积累引起急性、慢性中毒。急性中毒可使人呕血、腹痛，最后导致死亡；慢性中毒能使肾功能损伤，易患肾癌、前列腺癌破，破坏骨骼、致使骨痛、骨质软化、瘫痪，如造成自发性骨折、"痛痛病"等。

3. 铅

铅对生物体内许多器官组织都具有不同程度的损害作用，尤其是对造血系统、神经系统和肾脏的损害尤为明显。食品铅污染所致的中毒主要是慢性损害作用，临床上表现为贫血、神经衰弱、神经炎和消化系统症状，如脸色苍白、头晕、乏力、食欲缺乏、失眠、肌肉关节疼痛、肌无力、腹泻或便秘等，严重者可致铅中毒性脑病。

4. 砷

砷是一种非金属元素，但由于其许多理化性质与金属相似，故常将其归为"类金属"之列。食品中砷的毒性与其存在的形式和价态有关，元素砷几乎无毒，砷的硫化物毒性亦很低，但砷的化合物毒性较大，水产品中的砷限量常以无机砷表示。砷有积累性毒性作用，慢性中毒可引起皮肤病变及神经、消化和心血管系统障碍，破坏人体细胞的代谢系统。

（四）持久性有机污染物

持久性有机污染物指持久存在于环境中，具有很长的半衰期，且能通过食物网积聚，并对人类健康及环境造成不利影响的有机化学物质。如多氯联苯（包括二噁英）等卤代烃、联苯类有机烃、石油开采及化学工业造成的有机污染等，主要来源于杀虫剂、工业化学品和生产中的副产品。持久性有机污染物常随降水等带入水中，污染养殖环境，不仅对动物造成危害，而且由于水生动物也可通过食物链逐级放大危害，在其体内蓄积也带来食用安全风险，特别是其在野生动物和人体内累积放大具有不可逆的特点。

持久性有机污染物可通过食物链逐级放大，会对免疫系统、内分泌系统、生殖系统等带来危害，长期低剂量暴露会致癌、致畸，导致发病率增高甚至造成机体死亡等现象，对动物和人体健康造成不可逆转的严重危害。

对免疫系统的危害。持久性有机污染物会抑制免疫系统的正常反应、影响巨噬细胞的活性、降低生物体对病毒的抵抗能力。

对内分泌系统的危害。多种持久性有机污染物已被证实为潜在的内分泌干扰物质，它们与雌激素受体有较强的结合能力，会影响受体的活动进而改变基因组成。

对生殖系统的危害。生物体暴露于持久性有机污染物环境会出现生殖障碍、先天畸形、机体死亡等现象。

持久性有机污染物还具有致癌的作用。实验证明，长期低剂量暴露于持久性有机污染物环境中，导致癌症的发病率较正常情况明显增高。1997 年，WHO 的国际癌症研究机构，在流行病学调查和大量动物学实验的基础上，将二噁英定为一级致癌物质。

（五）加工助剂、食品添加剂等的风险

一般来说，食品、水产品加工过程中常用一些加工助剂和添加剂等化学物质，主要包含食品添加剂、抗氧化剂、着色剂、漂白剂、杀菌剂、甜味剂、增稠剂等在加工、调制、处理、装填、包装、运输或储藏过程中为了实现必要的技术性（包括感官）目的而添加的物质，是为改变食品风味和加工工艺所需要使用的物质，一般来说，均为化学物质。理论上讲，食品加工过程中的食品添加剂和加工助剂等，如果严格按照规范和标准使用不会带来危害，但不规范使用或者违规使用的风险就会变得非常严重。该类物质虽通过了严格的食品毒理学评价，但由于抗营养因子作用，以及食品成分之间的相互作用，可能生成意想不到的其他高风险成分。而违规、违法使用化学物质作为添加剂则更会带来直接的食用安全风险。

加工助剂和食品添加剂本身的毒性。一是部分食品加工助剂本身就为有较高毒性物质，如在国外，允许少量甲醛作为饲料添加剂在饲料中使用，中国规定禁止在食品加工中添加和使用甲醛。甲醛已经被 WHO 确定为致癌和致畸性物质，是公认的变态反应源，也是潜在的强致突变物质之一。二是使用非食品级加工助剂存在严重危害，有些食品加工助剂虽然本身没有毒性或毒性不大，但在其自身的加工、生产过程中存在特定的有害杂质需要去除，用于食品加工时，如果使用了非食用级的产品，就会带来危害。三是不按规定限量使用，作为化学物质不可避免的都有一定的副作用，在安全限量内对人体无害，但过量使用、违规使用就会带来风险。

（六）放射性危害

当水产品中的放射性物质高于自然界本身存在的放射性物质水平时，就可能会造成放

射性危害。天然放射性物质在自然界广泛存在，如矿石、土壤、天然水、大气及动植物的所有组织中，而放射性物质在开采、冶炼、使用过程中所出现的意外泄漏或不合理排放，则会导致某一局部环境的放射性污染。鱼类、贝类等水产品对某些放射性物质具有较强的富集作用，进而可能通过生态链影响到环境安全及人类健康，天然放射性物质对水产品安全的影响不容忽视，需要长期监测与系统评估。

（七）过敏原

水产品虽然营养丰富，但同时在公认的八大类过敏食物中也占有两席，即鱼类、甲壳类及其制品。过敏原是指水产品中能够诱发机体产生过敏反应的蛋白质，又称为致敏原等，主要包括原肌球蛋白、小清蛋白、肌钙结合蛋白、胶原蛋白、精氨酸激酶、肌球蛋白轻链和胶原蛋白等。

1. 鱼类过敏原

小清蛋白是鱼类的主要过敏原。消费者对鱼类过敏不是对某单一品种的鱼过敏，而是对一系列不同种类的鱼都会产生过敏反应，特别是随着鱼类制品作为调料、原料大规模应用于食品工业，其不明确的标注和国际食品贸易使得鱼类过敏的风险大大增加。此外，一些传统的鱼制品如鱼油、鱼胶等也能够引发过敏反应；鱼卵蛋白（如鲑的鱼精蛋白）和胶原蛋白等也可能会引起一定数量的过敏反应。

2. 甲壳类过敏原

甲壳类主要的过敏原包括原肌球蛋白、精氨酸激酶等，其中原肌球蛋白不仅是甲壳类的主要过敏原，也是节肢动物门的主要过敏原，其在机体上与肌动蛋白结合，在肌肉收缩中发挥关键作用。精氨酸激酶是一类磷酸化的胍基化合物，在细胞代谢中可调节腺嘌呤核苷三磷酸与磷酸精氨酸之间的能量平衡，与机体的能量代谢有着密切的关系。

防止水产品过敏患者摄入过敏原是预防水产品过敏的最有效的途径，一是建立严格的食物过敏原标签标示标准，在食品加工过程中对过敏原开展监测的基础上准确地标示，避免过敏患者误食；二是将含有过敏原的食品进行脱敏，降低其致敏性。

三、生物性危害

生物性危害主要指来自生物污染引发的水产品质量安全问题，主要包括细菌、病毒、寄生虫等危害。

（一）细菌

水产品生物性危害最主要的是致病性细菌。水产品常见的细菌性食物中毒大多是由副溶血性弧菌、霍乱弧菌等引发，也可能是不常见的大肠杆菌 O157：H7、单核细胞增生李斯特氏菌等引起的。淡水水产品、海水水产品均可受副溶血性弧菌、霍乱弧菌、创伤弧菌等细菌和其他病原微生物的污染。在中国，副溶血性弧菌每年引起的食物中毒事件占微生物病原的首位。

（二）病毒

水产品食源性病毒主要包括诺如病毒、甲型肝炎病毒、轮状病毒和星状病毒等。在世界范围内，水产品食源性病毒是影响贝类质量安全的重要因素，也是世界各国尤其是发达国家和地区重点监控的质量安全生物性风险因子。以牡蛎、贻贝为代表的双壳贝类，多属于固着型贝类，一般固着于浅海物体或海边礁石上，为滤食性生物，以细小的浮游动物、硅藻和有机碎屑等为主要食料。而贝类在滤食的同时，也将受生活污水污染的水体中的病毒富集到体内，并且可在贝类体内存活较长的时间。研究表明，贝类富集的病毒浓度可以达其周围水体中病毒浓度的 100～1 000 倍。常规贝类净化技术对食源性病毒的消减效果远远低于食源性细菌。生食或食用加热不彻底的受污染贝类往往会引起食源性疾病的散发甚至大流行。中国在 20 世纪 80 年代暴发过因食用甲型肝炎病毒污染的毛蚶导致甲型肝炎大流行的公共卫生事件。

（三）寄生虫

与细菌和病毒相比较，寄生虫感染的现象多集中于某些偏爱食用生的或未煮熟水产品的人群中，彻底煮熟的水产品能根除寄生虫感染的风险。免疫功能低下或肝功能有缺陷的人，更应当谨慎食用生的水产品。无论水产品中是否存在寄生虫，都建议消费者在食用水产品前充分煮透以杜绝寄生虫感染的可能，这一点在食用淡水水产品时尤其重要。

CHAPTER 7 | 第七章

水产品贸易市场预警

技术性贸易措施在国际贸易中，是一种非关税的限制措施，通过技术法规、标准、合格评定程序、卫生与植物卫生措施（Sanitary and Phytosanitary Measures，SPS）来加以实施。20世纪90年代中期以来，其适用产品和作用范围逐渐扩大。技术性贸易措施的主要形式包括技术性贸易壁垒（Technical Barriers to Trade，TBT）和卫生与植物卫生措施。技术性贸易措施一方面对保护人类健康和安全、保护动植物的生命和健康、保证产品质量、防止欺诈等方面产生积极作用，但另一方面，如果措施的实施不以科学依据为基础，则可能形成贸易壁垒，影响自由贸易。

第一节
水产品技术性贸易措施通报情况

随着经济全球化进程的加速，国际贸易的迅速发展正有效地推动着整个世界经济规模的不断扩大。水产品贸易是国际农产品贸易的重要组成部分，目前在国际水产品贸易中，TBT 协定和 SPS 协定下所采取的技术性贸易措施正逐步取代关税壁垒等传统贸易保护措施，成为对其影响最突出的非关税壁垒。欧盟、日本、韩国和美国作为中国水产品最主要的出口国家（地区），凭借先进的科技和国际经济地位制定了大量严格的技术标准、技术法规及检验检疫程序等，对中国水产品的出口造成了重大影响。从日本肯定列表制度规定 0.01mg/kg 的"一律限量"，到美国、欧盟以提高质量安全限量标准的方式频频限制进口，都对中国的水产品出口企业造成了巨大损失。不合理的技术性贸易壁垒在给中国造成经济损失的同时，也不可挽回地会对中国出口企业的信誉和国家形象造成负面影响。可以说，纷繁复杂的技术性贸易措施已经对水产品国际贸易构成了扭曲，造成了壁垒。由于技术性贸易措施对水产品进出口贸易具有重要影响，因此及时掌握 WTO 成员最新技术性贸易措施通报情况，分析各成员技术性贸易措施的实施动向，将有助于提高政府和企业应对水产品技术性贸易措施的针对性和时效性，对保证中国在这项世界范围内的合作博弈中立足不败，争取更为广阔的国际市场具有参考价值。

中国水产品技术性贸易措施通报评议工作始于 2004 年，已有相关研究人员对 2004 年以来的水产品技术性贸易措施通报的情况进行分析。水产品技术性贸易措施通报评议开展近 20 年来，工作机制逐渐完善，目前已初步建立涵盖农兽药、污染物和添加剂等方面的专家评议团队，对于相关通报的评议水平有了很大提升。2007 年开展的对澳大利亚"关于虾和虾制品一般进口风险分析报告的通报"的评议，促使澳大利亚对其不合理条款进行了修改，是中国开展水产品技术性贸易措施通报评议的成功典例。近年来，随着各国政府对设立技术标准重视程度的加强，技术性贸易措施也渐而转向复杂化和连锁化，具有鲜明代表性的是墨西哥等国关于禁止从中国等国家进口甲壳动物一系列通报的评议。

本部分内容主要以 2018—2022 年中国接收到的水产品技术性贸易措施通报数据为研究基础，对水产品技术性贸易措施通报的总体情况进行汇总分析，并跟踪研究措施发布的最新动态，以期为政府和出口企业应对 WTO 成员有关水产品技术性贸易措施提供参考。

一、通报数量分析

水产品技术性贸易措施通报主要包括 TBT 通报和 SPS 通报两种类型。研究分别统计分析了 2018—2022 年这两种类型通报的数量变化情况，通报数据来源于评议单位，通报所属年份以评议单位接收时间为准。2018—2022 年，TBT、SPS 通报数量和变化趋势如图 7-1 所示。

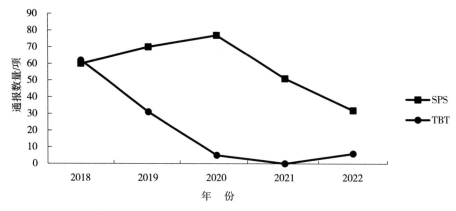

图 7-1　2018—2022 年水产品技术性贸易措施通报数量

2018—2022 年共收到水产品技术性贸易措施通报 394 项，其中 SPS 通报 290 项、TBT 通报 104 项。通报以 SPS 类型为主，占总数的 73.6%。这五年间，2020 年接收到的 SPS 通报数量最多（77 项），之后呈下降趋势。2018 年接收到的 TBT 通报数量最多（62 项），之后总体呈下降趋势。

二、通报来源国家（地区）分析

对收到通报数量进行统计分析后，进一步对通报的来源国家（地区）进行了分析，2018—2022 年通报来源国家（地区）及其占比如表 7-1 所示。

表 7-1　2018—2022 年水产品技术性贸易措施通报来源国家（地区）

通报来源国家（地区）	通报数量/项	占比/%
日本	60	15.2
欧盟	55	14.0
韩国	30	7.6
美国	28	7.1
巴西	26	6.6
澳大利亚	17	4.3
越南	12	3.0

（续）

通报来源国家（地区）	通报数量/项	占比/%
乌干达	11	2.8
布隆迪	11	2.8
坦桑尼亚	8	2.0
其他	136	34.5

数据统计发现，2018—2022 年接收到来自 50 个国家和地区的通报。提交通报数量位列前十位的分别是日本（60 项）、欧盟（55 项）、韩国（30 项）、美国（28 项）、巴西（26 项）、澳大利亚（17 项）、越南（12 项）、乌干达（11 项）、布隆迪（11 项）、坦桑尼亚（8 项）。前五位的国家（地区）提交的通报数量已超过总数的 50%，前十位的通报数量已占 65.5%，其余 40 个国家（地区）的通报数量只占 34.5%，通报来源国家（地区）集中度较高，通报提交主要以发达国家（地区）为主。2016—2020 年通报数量排前十位的为欧盟、日本、美国、韩国、澳大利亚、巴西、乌干达、沙特阿拉伯、南非、菲律宾。相较于 2016—2020 年的数据，通报数量前十位中，越南、布隆迪和坦桑尼亚代替了沙特阿拉伯、南非和菲律宾，其他国家（地区）位次略有变化。

三、通报理由分析

SPS 通报理由包括食品安全、动物健康、保护人类免受动植物等有害生物危害、保护国家免受有害生物其他危害等方面。2018—2022 年 SPS 通报理由所占比例分析如图 7 - 2 所示。

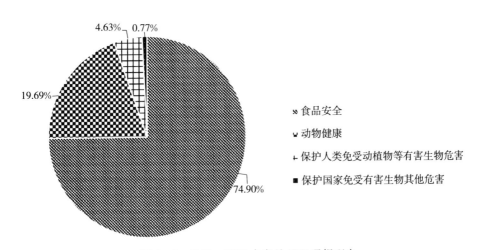

图 7 - 2　2018—2022 水产品 SPS 通报理由

研究发现，SPS 通报的主要理由为食品安全（74.9%），其次是动物健康（19.7%），保护人类免受动植物等有害生物危害（4.6%）和保护国家免受有害生物其他危害（0.8%）占比相对较少。相较于 2016—2020 年的数据，以食品安全为理由的占比下降，以动物健康为理由的占比上升。

  TBT 通报理由包括保护人类安全或健康、保护环境、防止欺诈、保护动物和植物的生命或健康等方面。2018—2022 年 TBT 通报理由所占比例分析如图 7 - 3 所示。

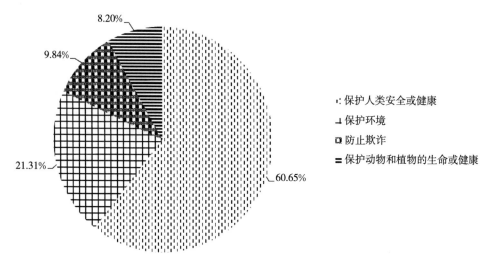

图 7 - 3 2018—2022 年水产品 TBT 通报理由

  研究发现，TBT 通报的主要理由为保护人类安全或健康（60.7%），其次是保护环境（21.3%）、防止欺诈（9.8%）、保护动物和植物的生命或健康（8.2%），未有以食品安全为理由的 TBT 通报。相较于 2016—2020 年的数据，以食品安全为理由的占比下降，以保护环境为理由的占比上升。

第二节
水产品技术性贸易措施变化趋势分析

在多边贸易体制推动下，基于服务公共政策、国家福利的经济动因及可能的政治经济因素等，技术性贸易措施已经成为各国贸易保护的利剑，并已经成为最重要的非关税壁垒。从数量上看，考虑到受新冠疫情影响，2020 年接收到的 SPS 通报数量最多，之后呈下降趋势。TBT 通报在 2020 年后数量很少。SPS 通报在水产品技术性贸易措施中仍占主要地位。

一、通报受疫情影响

2020 年 1 月 30 日 WHO 宣布新冠疫情构成国际关注的突发公共卫生事件（Public Health Emergency of International Concern，PHEIC），虽然同时强调反对任何国家发布任何针对中国的旅行和贸易限制，但不少国家和地区还是纷纷采取了入境限制。在这些国家采取的针对中国水产品贸易的管制措施中，涉及禁止从中国进口的国家有 12 个，分别是印度尼西亚、约旦、吉尔吉斯斯坦、阿塞拜疆、塔吉克斯坦、格鲁吉亚、土耳其、俄罗斯、亚美尼亚、喀麦隆、哈萨克斯坦和毛里求斯。涉及货物检疫的国家有 3 个，分别是印度尼西亚、喀麦隆和吉尔吉斯斯坦。在新冠疫情发生后，中国基于充分准备，在俄罗斯、哈萨克斯坦、毛里求斯等国先后以新冠疫情为由对中国相关水产品实施临时限制措施提出后，得以及时有效地提出有理有据的评议意见。最终促使俄罗斯对其措施做出部分更改，取消因新冠疫情对中国水生生物活体进境俄罗斯和经俄罗斯跨境运输的限制，并单独解除了对中国水生生物活体的限制。毛里求斯也解除了对中国活动物的进口限制措施。在因全球新冠疫情蔓延导致的严峻国际贸易环境下，官方评议工作为维护中国水产品出口贸易利益提供了重要的技术支撑。

二、通报发布地区范围逐渐扩大

发达国家（地区）一直是水产品技术性贸易措施实施的主角，但发展中国家（地区）的参与越来越广泛。在 2018—2022 年水产品技术性贸易措施通报中，提交通报数量位列前十的分别是日本、欧盟、韩国、美国、巴西、澳大利亚、越南、乌干达、布隆迪、坦桑尼亚。发展中国家（地区）较多实施 TBT 措施，而发达国家（地区）较为倾向于运用

SPS措施，同时尤以欧盟、韩国、美国和日本这四个成员的通报数量最多，共173项，占通报总量（394项）的43.9%。发达国家（地区）凭借较高的经济条件支持而获得先进的技术水平，为其在技术性贸易措施实施方面提供了有力支撑。

此外，发展中国家（地区）技术性措施的发展速度不断加快，与发达国家（地区）差距不断缩小，例如东盟国家近年来通报数量就不断增加。有研究人员曾提出过，发展中国家（地区）的出口产品中增长态势最突出的是加工水产品。为了提升出口竞争力，以及阻止境外产品对境内产业的冲击，发展中国家（地区）在水产品安全、检验检疫和市场准入等基础法规方面均加强了建设。例如越南曾发布了"有关进口活水产品风险评估及管理相关法规的通报"，规定对新进口活水产品启动风险评估，符合其要求的活水产品才考虑同意进入其市场。科技的发展、社会的进步及观念的更新都将加速发展中国家（地区）技术性贸易措施的发展。

三、通报措施呈现新的特点

2018—2022年，技术性贸易措施对水产品贸易壁垒的增强不仅体现在措施数量的增长，还表现在措施涵盖范围的不断延伸。从产品形态上说，不仅包含初级水产品（如虾类、养殖鱼类和双壳软体动物、观赏鱼等），也包括加工和制成水产品（如鱼罐头、烟熏鱼、熏味鱼、鱼肠等）。从生产流程上看，关注从养殖、加工包括冷冻、包装和进口的各环节。从措施特性上说，农兽药管理类通报已经成为水产品技术性贸易措施通报的最大热点，主要表现为各成员制修订农兽药的最大残留限量（Maximum Residue Limits，MRLs）。除了实施最为频繁的农用化学品管理和动植物卫生防控，标签标识和水产品质量标准等方面的管理规定措施也广泛地被各成员用于贸易庇护。另外，在WTO的约束和倡导下，一些披着合理外衣的新型贸易壁垒已渐行渐近，并且近几年有向渔业领域蔓延的趋势。如2018年"卢旺达有关拟定有机生产标准的通报"（G/TBT/N/RWA/138）和2019年"乌克兰有关有机生产加工使用物质及其最大许可限量的通报"（G/SPS/N/UKR/137）中就包含与有机生产相关的措施规定。此类贸易壁垒的隐蔽性强，还容易获得社会公众舆论的支持。由于缺乏相关研究基础，针对此类通报评议还有困难。

第三节
国外水产品技术性贸易措施应对策略

从上述分析情况可以看出，水产领域技术标准、法规等在不断地变化和更新，对水产品国际贸易发展的影响日益强烈，不同的技术标准能够明显增加出口成本或者阻止市场准入。因此，加强对技术性贸易措施通报评议的重视和研究意义重大。结合评议实践，对做好水产品技术性贸易措施通报评议，一是要加强对通报评议的重视和利用；二是要对数量较多的如农兽药管理类通报要强化跟踪评议；三是要对评议基础较为薄弱的 TBT 通报也要关注并提升评议能力；四是要加强各方对评议工作的参与；五是要加强对出口市场的扩展。

一、加强对通报评议的重视和利用

近年来，中国通过 SPS 通报评议机制成功要求其他 WTO 成员修改了部分不合理的水产品技术性贸易措施，如 2018 年澳大利亚修订对虾黄头病毒（YHV）检测基因型类别、2020 年俄罗斯取消因新冠疫情对中国水生生物活体进境俄罗斯和经俄罗斯跨境运输的限制等。水产品技术性贸易措施通报评议工作作为国家应对国外水产品技术性贸易壁垒的首个门槛，目前已初步建立涵盖农药、兽药、污染物和添加剂等方面的专家评议团队，针对相应类型通报的评议水平已有较大提升，但对于一些综合性强或新型通报的评议能力还有待提高。随着金融危机下贸易保护主义抬头，在出口水产品标签、技术法规及合格评定程序等 TBT 方面提出了更多严苛要求，对评议工作也提出了新的挑战。

总之，需要不断加强与农产品各领域技术性贸易措施信息的互通和共享；加快和完善评议工作机制的构建，提高评议成效；保证稳定投入，调动专家积极性；加强人才引进，提高评议队伍专业能力和水平。

二、加强对农兽药管理类贸易措施的跟踪

农兽药管理类通报已经成为水产品技术性贸易措施通报的最大热点。发达国家依靠先进的科技水平，设置高于国际标准的残留限量值，一些国家还通过增加抽检项目和严格检测指标等手段来达到阻碍水产品进口的目的。中国水产品由于药物残留超标而被进口国扣留或召回的状况时有发生。中国技术性贸易措施网的数据显示，农兽药残留不合格是

2012 年中国出口农食产品类被扣留或召回的最主要原因之一。

与兽药相比，国内对水产品中农药的管理更为薄弱。目前，中国《食品安全国家标准　食品中农药最大残留限量》（GB 2763—2021）中只对水产品中六六六（HCB）和滴滴涕（DDT）制定了残留限量。而中国主要的水产品贸易国如日本、韩国都已实行肯定列表制度，对未制定最大残留限量的农药在食品中的残留规定了 0.01 mg/kg 的"一律限量"，这都加剧了中国水产品的出口风险。例如，2006 年日本就以硫丹残留超标为由，销毁及退回数十吨从中国进口的水产品，并从此开始对进口水产品中硫丹残留进行监控，为此中国福建和广东的鳗生产企业损失巨大。因此，建议对农药化学品在中国养殖环境中的本底情况及在水产品中的残留状况开展广泛调查，甄别在水产品中残留严重和食用安全性低的典型农药种类，并进一步研究这些药物在水产动物体内的蓄积、代谢和消减规律，强化检测方法的研究开发，推进相关残留限量标准的制修订工作。

三、加强对 TBT 通报措施的关注

目前中国针对 TBT 通报的相应研究基础还比较薄弱，在国内外相关政策的研读、数据的跟踪采集、专家团队的建设和评议能力的提升等方面需要进一步充实和加强。近年来，标签标识、进口管理程序和有机食品等方面的管理规定措施通报的数量增长迅速，水产品领域 2018 年接收到的 TBT 数量已与 SPS 数量持平。其中，发达国家在标签标识方面严苛的要求已经显著妨碍了中国水产品的正常出口。

根据中国技术性贸易措施网（http：//www.tbtsps.cn/）的公布数据，2019 年美国、日本、欧盟、韩国扣留或召回中国出口不合格农食产品类 1 542 批次，其中水产品 218 批次位列第三。通过对出口不合格水产品被扣留或召回原因分析表明，水产品具体扣留或召回的原因主要是兽药残留不合格和标签不合格。鉴于此，建议加强对标签标识类通报的关注，同时鼓励企业参与，对中国主要水产品出口国的相关标签法规进行跟踪研究。除此之外，2018 年欧盟、美国、乌克兰、卢旺达等成员均发布涉及有机食品的多项通报，而中国有机水产品类通报的研究基础薄弱，相对评议难度大。因此，亟须开展国内外有关有机食品（包括水产品）产业状况及管理法规等方面的相关研究，以便更有效地应对有机水产品技术性贸易措施通报。

四、加强各方对评议工作的参与

通报评议中需要大量的贸易数据、国际及其他国家标准作为参考，而熟悉国际规则、掌握相关领域最新研究进展专家的有效参与是评议科学性和准确性的重要保障。水产领域已基本建立了涵盖农兽药、污染物和添加剂三方面的专家评议团队，但对于专业性强且综合的通报，还存在评议困难等问题。此外，随着进口国技术标准不断推陈出新，包括许多新型技术性贸易措施（如绿色壁垒、道德壁垒）层出不穷，水产品技术性贸易措施通报评议专家团队还需不断巩固和充实。同时，作为市场经济主体和国外技术标准实施对象的企业理应成为应对贸易措施的主力军，但目前水产品出口企业还未能实质地参与通报评议工

作。因此，亟须建立企业参加机制，调动出口企业参与积极性，发挥其优势，让通报评议更好地服务水产品出口贸易。

五、加强对出口市场的扩展

中国水产品出口最重要的四个国家和地区是欧盟、日本、美国和韩国，出口市场相对集中。然而，出口市场的单一化也暗示中国出口水产品抵御国外市场风险的能力较弱。近年来，中国水产品贸易受技术性贸易措施影响巨大的原因之一就是过分依赖日本、欧盟等发达国家和地区市场。从通报数量上看，这几个国家和地区也是向外发布水产品技术性贸易措施通报频率最高的 WTO 成员（2018—2020 年共 173 项，占通报总量的 43.9％）。随着发达国家和地区市场的进一步饱和，以及针对中国出口水产品的限制性贸易壁垒数量的显著上升，未来中国水产品出口要破局，还需努力开拓更广阔的新兴市场。通过运用市场分散化的策略，有效降低出口水产品在某一地区市场遭遇技术性贸易壁垒的损失，可以达到规避贸易壁垒的目的。比如在中国"一带一路"倡议背景下，虽受疫情影响，2020 年中国出口马来西亚、泰国、文莱、缅甸等东盟国家及加纳、科特迪瓦等非洲"一带一路"国家水产品仍保持增长。

从这个角度考虑，建议加快推进多元化出口潜力市场的开发和培养，对水产品出口的传统市场可以采取深度挖掘开发的策略，对标进口市场标准确保供应水产品的安全和品质，规避贸易壁垒。对于大型水产品龙头企业还应该着力提升产品品质，创建和维护品牌发展。目前中国已经有了一些突出的水产品品牌，如大连"獐子岛"海参、浙江千岛湖"淳"牌有机鱼，还有地域水产品品牌，如宁德大黄鱼等。从长远看，水产品品牌创建有利于提高水产品出口价值，扩大对外贸易竞争力，促进水产品产业的良性发展。

CHAPTER 8 | 第八章

中国水产品贸易未来发展建议

中国是全球最大的水产品出口国，但长期以来，中国水产品出口品种结构较为单一，贸易结构不合理，以初级产品为主，经济附加值相对较低，用于出口的深加工水产品所占比重相对较低，加上水产加工贸易行业组织化程度偏低，缺乏生产加工水平高、市场经营能力强的水产加工贸易龙头企业，行业整体经济效益不显著。尤其是随着国内经济发展与产业结构转型升级，水产品生产、加工的人工成本及原材料费用等不断升高，而东南亚等地区凭借丰富的水产资源和低廉的劳动力价格优势迅速抢占中国水产品的贸易份额，中国水产品出口加工面临着来自其他国家的激烈竞争和严峻挑战。为此，根据2023年农业农村部《关于加快推进农产品初加工机械化高质量发展的意见》，要优化水产品初加工布局，构建"政产学研金服用"融合创新生态。政府（政）主导创环境，制定相关政策，促进水产贸易的发展，提供必要的支持和保障；企业（产）主体强创新、提高产品质量和降低成本，增强在国际市场的竞争力；学科（学）人才激活力，为行业发展提供理论指导和人才支持；科技研发（研）出成果，推动科技创新在水产贸易中的应用；金融（金）配套强保障，为企业提供融资服务，帮助企业扩大规模、改善生产设备、开拓市场等；中介服务（服）提效率，加强水产品的质量监管和安全控制；成果转化（用）增效益，推动水产品加工和价值提升、改善水产品流通和物流等手段，使水产贸易对国家经济和人民生活产生积极影响。在此基础上，加强水产品国际贸易合作，扩大水产品出口规模，加强与发展中国家的贸易合作，提升市场多元化，优化贸易政策，降低贸易壁垒，提高国际竞争力。

第一节
加快建立水产品出口支持体系

一、优化行业监管程序和管理服务

优化水产品出口相关的行政审批程序和服务。优化完善大宗商品进出口管理，减少烦琐的手续和时间成本，提高出口效率，促进企业快速、便捷地完成出口手续；有序推动重点商品进出口管理体制改革，加强口岸收费管理，严格执行口岸收费目录清单制度，持续清理规范进出口环节涉企收费。降低港口收费，进一步减少收费项目，降低政府定价的港口经营服务性项目收费标准。积极推动扩大出口退税无纸化申报范围，持续加快出口退税办理进度。扩大贸易外汇收支便利化试点，便利跨境电商外汇结算。加强技术性贸易壁垒方面的研究工作，做好国内外标准信息、通报信息的采集、更新及发布工作，建立出口产品安全卫生要求数据库，建立健全应对技术性贸易壁垒的宣传通报机制、警示预警机制、对策研究机制、技术攻关机制和人才培训机制，多渠道多形式地及时向企业传递有关出口水产品的技术性贸易壁垒信息。

积极推动水产企业质量认证工作。加强对出口水产品生产加工全过程的质量安全控制体系及原料自检自控体系的验证和监督，定期验证企业实施的良好操作规范（GMP）、卫生标准操作程序（SSOP）、HACCP体系及溯源管理体系等与国内外相关法律法规及在实际生产加工过程中的符合性、适宜性，评估原料自检自控计划项目内容及检测频率设置的合理性、有效性，同时结合风险监控计划、日常监管抽样和不定期抽查进行预防性质量控制，保障出口水产品的质量安全。围绕水产品风险评估、市场准入及质量监管等需要，了解国外市场在进出口水产品质量安全方面的具体规定，确保中国对外水产品贸易稳定发展。通过进一步加强双边水产品交流合作，共同展示大国形象，积极承担监管责任，保证进出口水产品符合双方食品质量安全要求，推动中外水产品贸易，形成水产品贸易共赢发展新格局。

二、建立健全保障激励机制

加强国家间贸易磋商，尽快建立健全长期稳定的水产品出口贸易保障激励机制。充分利用税收、信贷和财政补贴等手段支持企业技术改造，鼓励企业自主创新，提高国际贸易竞争力。

办好国际渔业博览会、国际农产品交易会、国际进口博览会等，鼓励和资助出口企业参加国际知名渔业博览会和新市场开发、新产品推销活动，向世界宣传中国企业和中国产品，以实现水产品出口市场的多元化，分散出口风险。

确保国际海运保障有力，提升国际航空货运能力，促进国际道路货运便利化。提升中欧班列等货运通道能力，加强集结中心示范工程建设，以市场化为原则，鼓励运营企业完善境外物流网络，增强境外物流节点的联运、转运和集散能力，拓展回程货源，提高国际化运营竞争力。鼓励港航企业与铁路企业加强合作，促进集装箱海运与铁路互通共享。

三、构建可持续供应链

水产品贸易涉及渔业、加工、物流等多个环节，需要深化全球水产养殖的生产、加工、贸易环节的转型升级和协同合作，加强与所有国家特别是发展中国家的水产养殖合作，支持在发展中国家建设水产养殖技术交流与示范培训基地，加强水产养殖人力资源培训和国际合作，向广大发展中国家和地区提供技术支持，进一步推广池塘的生态养殖、稻渔综合种养、工厂化循环水质养殖、盐碱水渔农综合利用多营养层次综合养殖等生态养殖模式，促进全球水产养殖业可持续发展。

加强对水产品产业链的引导和支持，鼓励企业间的合作与创新，提升整个行业的竞争力和影响力。同时，推动产业与科研机构、高等院校的合作，加强科技创新和技术转移，推动行业的技术升级和转型发展。

随着全球对环境和可持续发展的关注增加，建设绿色可持续的水产品供应链成为未来发展的趋势。中国应加强渔业资源管理，推行渔业可持续发展的政策和实践，保护海洋生态环境，提高水产品的可持续性和环保形象。在供应链中推动可持续捕捞、养殖和加工，提供符合环保标准的产品，以满足国际市场对可持续水产品的需求，并积极推进水产养殖检验检疫标准和追溯制度的国际互认，构建互利共赢的产业链、供应链合作体系。

第二节
提升风险防范能力

一、健全贸易摩擦应对体制机制

统筹发展和安全，切实防范、规避重大风险。努力构建现代化出口管制体系。严格实施出口管制法。优化出口管制许可和执法体系，推动出口管制合规和国际合作体系建设。完善对外贸易调查制度，丰富调查工具。健全预警和法律服务机制，构建主体多元、形式多样的工作体系。健全贸易救济调查工作体系，提升运用规则的能力和水平。完善贸易摩擦应对机制，推动形成多主体协同应对的工作格局。研究设立贸易调整援助制度。

加强中央、地方、行业组织、研究机构和企业协作，推动形成多主体协同应对贸易摩擦工作格局，建立工作保障机制。探索建设应对贸易摩擦综合试验区，推进全国预警体系建设，发挥各类应对贸易摩擦工作站作用，加强对重点企业分类指导，提高企业应对和防范贸易风险的意识和能力。用好贸易政策合规机制，进一步提高合规意识和能力。拓展双边贸易救济合作机制。综合运用多种手段，应对不公平竞争等行为。

二、提升贸易救济能力

提高贸易救济政策工具效能。研究完善对外贸易调查制度。推进贸易调整援助制度建设，指导和鼓励有条件的地方开展贸易调整援助。健全贸易救济调查工作体系，加强产业损害预警监测，开展服务公平竞争环境和产业链供应链安全的案件效果评估。加强政产学研合作，积极参与贸易救济规则谈判。

完善现代化出口管制体系。实施出口管制法及其配套法规、规章，健全出口管制工作协调机制。优化出口管制许可制度，加强精准管控。加快出口管制合规体系建设。强化出口管制调查执法，有效打击出口管制违法行为。加强出口管制国际交流合作，推动发达国家放宽对中国的出口管制。妥善应对外国滥用出口管制等歧视性行为，维护和塑造国家安全。加强技术进出口管理，健全技术进出口法律法规。优化完善禁止、限制进出口技术目录，完善技术进出口协调监管、专家咨询等机制。强化知识产权保护国际合作，促进境内外知识产权同等保护，完善知识产权预警和维权援助信息平台。

第三节
提升水产品品牌的影响力

一、加强品牌建设

在日益激烈的国际竞争环境下，品牌战略已成为大势所趋。2022年国家发展改革委等部门《关于新时代推进品牌建设的指导意见》提出要全面提升中国品牌发展总体水平，当前，中国水产品出口行业应尽快加入品牌竞争的行列中。加强渔业品牌建设，打造特色品牌与区域公用品牌，加大品牌保护，提升渔业品牌竞争力，建立和完善水产品品牌评价认定、品牌促进、品牌保护和品牌推广体系，制定科学合理的评价标准和认定办法，组织开展一系列品牌宣传、推广和保护活动。例如以江苏大闸蟹、鳗鱼，浙江海螺、醉蟹，山东牡蛎、红鳍东方鲀等为对象，打造高端优质品牌。尤其是加快打造区域公用品牌，例如山东预制菜、山东贝类系列产品，推动标准化产业发展。政府应引导、鼓励出口企业创建自主品牌，政府相关部门应尽快制定科学合理的评价标准与认定方法，鼓励出口企业进行水产品品牌认定，提高产品包装和形象设计水平，树立良好的企业形象和品牌声誉，并培育一批国际竞争力强的自主品牌，提升水产品外贸企业形象和竞争力，扩大出口市场份额。

建立行业内的标准化组织或协会，通过与利益相关方的合作，制定统一的行业标准。针对水产品行业，制定具体的工艺标准，规范生产流程和操作要求。同时，制定水产品的产品质量标准，将其作为企业生产和消费者购买的参考依据，提高产品的质量稳定性和消费者满意度。针对水产品行业的技术要求，制定相关的技术标准，促进行业技术水平的提升和发展。鼓励水产行业主动自律遵守行业标准和规范，保障产品质量和食品安全。加强行业监管和执法，对违规行为进行处罚，维护市场秩序和消费者权益。

二、提高产品附加值

未来中国水产品发展应着重改变传统的以大宗低附加值产品出口为主的发展模式，积极发展水产品精深加工，加大低值水产品和加工副产物的高值化开发和综合利用，提高产品附加值，找准制约产业发展的少数核心技术，鼓励加工业向海洋生物制药、功能食品和海洋化工等领域延伸，促进优质原料就地商品化、精深加工化，实现产后增值。评估水产品各环节技术的市场潜力和经济效益，做到创意科技化、科技产品化、产品货币化，通过加工、包装、品牌建设等方式增加产品的竞争力和附加值。发展高品质、高附加值的水产品，如冷链运输的水产制品、海鲜罐头、海鲜调味品、高端海鲜餐饮产品等，积极引导水产加工企业充分利用当地丰富的低值鱼类资源，向营养保健型和生物制药型方向发展，提高利润率和市场竞争力。

积极开拓多元化市场。发展国内市场，开拓水产品进口来源多元化和产品多样化，满足国内消费者对高品质水产品的需求。寻找新兴市场和发展中国家，不断扩大中国出口水产品的国际市场覆盖面，促进出口市场多元化，减少技术性贸易措施带来的市场风险，争取在国际市场竞争中占据有利地位，扩大出口市场份额。

三、强化品牌推介营销

建立与国内外市场的合作伙伴关系，通过合作推广和营销活动提升品牌知名度。与知名的海鲜零售商、餐饮连锁企业、进口商等建立合作，拓展销售渠道和市场份额；积极参加中国国际渔业博览会等国际性水产品展览、交流和洽谈活动，展示中国水产品的优势和特色，扩大中国水产品的影响力。与国际买家、行业专业人士进行面对面的交流和合作洽谈，了解市场需求和趋势，在拓展销售渠道和市场份额的同时，提升品牌知名度和国际竞争力，塑造更具竞争力的品牌形象。

利用国内外知名的电商平台，建立品牌官方旗舰店或合作伙伴店铺。通过电商平台的广泛覆盖和便捷的购物渠道，将中国水产品推介给全球消费者。通过精心设计的产品页面、推广活动和口碑评价，吸引消费者的关注和购买；通过参加国际贸易展览会、派遣贸易代表团等方式，促进水产品的国际推广和销售。在展览会上展示中国水产品的品质、创新和安全标准，吸引潜在合作伙伴和国内外买家的关注。与行业专业人士和采购商进行沟通和交流，建立业务合作关系；通过多种渠道进行品牌宣传和推广，包括品牌故事的传播、产品特点的展示、品牌形象的塑造等。

四、夯实龙头企业根基

为改变当前我国水产品加工贸易行业组织化程度偏低的困境，通过政策引导、资金补助和项目扶持等方式，强化水产养殖、加工、贸易等市场主体的培育，积极培育一批具有国际竞争力的水产龙头企业。通过构建"龙头企业＋基地＋农民""龙头企业＋家庭渔场""龙头企业＋农民合作社＋农民"等多种形式的产业化经营模式，引导龙头企业与合作社、家庭渔场、养殖大户建立稳定的合作关系，带动社会资本、先进经营理念等生产要素进入水产领域，提高水产行业的国际竞争力。

支持水产龙头企业牵头建设一批农业国际贸易高质量基地，通过财政贴息、税收减免等优惠政策，重点选育一批水产加工贸易龙头企业，鼓励并支持其加强自身的自主创新和水产品品牌建设，全力打造"集聚区＋企业＋基地"三位一体水产品出口新引擎。农业农村部开展 2023 年农业国际贸易高质量基地认定培育工作，认定了唐山市丰南区新兴海产品有限公司、天津三鹰农副产品加工有限公司等 106 个基地为农业国际贸易高质量发展基地，并将烟台海裕食品有限公司等 7 个基地纳入国贸基地管理体系，积极培育水产品出口和对外合作市场主体，提高水产品的加工档次和内在品质，最终达到提高我国水产品对外贸易经济效益的目的。

积极引导水产龙头企业参与水产贸易行业协会建设。通过建立专业化的水产品外贸合作组织和行业协会，政府部门通过强化对行业协会的领导，赋予行业协会必要的管理权限和职能，并根据市场和消费者的要求不断完善行业规则和内部管理制度，强化水产行业自律和自我监督管理，规范市场行为，避免无序和恶性竞争，帮助广大水产养殖加工贸易企业有效开拓国际市场，加快中国水产品加工企业整体"走出去"的步伐，从而最大限度地提升我国水产品对外贸易的国际话语权。

第四节
激活学科人才培养

一、培养复合型水产贸易人才

支持高校国际贸易相关学科建设，以市场人才需求为导向，前瞻性预判水产贸易的未来发展趋势，合理设置和规划人才培养目标，制定培养方案、教学方法、实习要求（规定）。强化外贸领域专业技术培训，鼓励学校和企业共同培养复合型人才。从需求端考虑人才供给，建立多语种、多学科融合数字贸易人才培养的模式，培养"水产贸易＋外语＋技术"的复合型人才及"水产技术＋外贸英语＋外贸技能和知识"的复合型人才。将理论知识传授、实际技能学习与实践经验有效结合。秉持"下得了鱼塘，做得了科创，进得了企业，闯得出国门"的"复合型"培养理念和"立德树人"根本任务，以培养学生的"基础创新素养、系统综合思维、实践应用能力"为目标，培养方案体现农工复合、农文复合和农管复合的创新人才培养要求，使得学生具备研究应用能力、国际化视野，未来能成为引领产业科技发展的拔尖人才。

将外贸人才纳入各类人才引进和培养计划，不拘于传统师资团队组建模式，吸收水产、加工、大数据跨学科教学科研人员，搭建梯形师资队伍，增强团队建设，发挥高校教师与行业教师各自的比较优势，形成教学合力，不仅为学生传授水产贸易专业的理论知识与实操技能，而且要讲授交叉学科的多元知识和方法。同时，统筹考虑学校已有资源和学科基础，立足于学科建设、专业发展的长期规划，加强国际合作，引进国外贸易技术、管理、内容开发、综合管理类高端人才，有效提升师资队伍的国际化水平。

二、加强产业培训

建立相关水产贸易学科的培训机构，为从业人员提供系统的专业培训，提升从业人员专业知识、技能和实践经验，使其具备水产贸易领域的核心竞争力。鼓励和支持学术机构、研究机构及相关行业组织开展水产贸易领域的研究工作。通过资助研究项目、设立奖学金和奖励计划等方式，激励学者和研究人员在水产贸易领域进行深入研究，推动学科的发展。

政府与行业协会、高等教育机构等合作，设立专门的培训机构或项目，针对水产品产业的从业人员开展包括渔业管理、加工技能、市场营销等方面的知识和技能培训，提高从业人员的专业素质和技能水平。推动建立行业认证和职业资格体系，为水产品产业的从业人员提供认可和标准化的资质认证，促使从业人员不断学习和提升自身技能，推动行业整体的专业化和标准化。鼓励水产品产业引进海外人才，特别是具有相关经验和技术的专业人士。通过引进国际经验和先进技术，产业可以快速升级和发展。

三、加强经贸领域智库建设

培养一批具有国际视野、精通国际贸易规则的专家。推动国际合作项目落实，促进产业间的交流与合作，分享先进的技术和管理经验。组建"智库团队"，通过"政企合作""校企联合""企研组合"，统筹汇聚高校、水产科研院所、涉海企业、社会组织等水产经贸领域多方力量，构建适应新时期科技、社会、经济发展变化趋势，具有利用大数据、人工智能、云计算等新一代科技手段提高研究能力的优秀智库。智库专家需提前预设一些前沿性议题，为政府和有关部门决策提供有价值的参考。打造一个良好的智库生态圈，探索一条中国智库的多元化发展道路。不同智库之间不仅是不同观点的竞争者，还是取长补短的合作者，共同承担向政府提供智力支持的任务；扩大智库的国际影响力，打造中国的智库品牌；提高管理的科学性，建立起现代智库运行机制；增加复合型人才在智库中的比例，提升核心竞争力。

四、加强与国际组织的人才交流合作

智库建设需要与国际接轨，加强国际交流与合作，借鉴国际先进经验和理念，提高智库的国际化水平和影响力。鼓励国内学者及从业人员参与国际学术交流和合作项目。通过参加国际学术会议、访问交流和合作研究，拓宽国际视野，与国际水产贸易领域的专业人士进行交流和合作，提高学科人才的国际化水平。邀请国际水产贸易领域的专业人士、成功企业家和行业专家担任行业导师。

第五节
创新水产品各领域技术应用

一、加强科技创新

推进水产核心技术重点突破。根据中国海洋农业与淡水渔业发展新趋势，围绕现代海洋牧场建设、深远海养殖、远洋捕捞、水产品加工等核心产业进行重点瓶颈技术攻关，不断加大对育种、种质资源、营养品质、产品安全等重点环节的研发和投入，重点开展现代渔业的基础前沿与共性关键技术攻关，推动水产养殖向信息化、数字化、体系化转型升级，构建完善的产业链技术支持体系，搭建核心技术的共享和推广应用平台，实现产学研一体化的信息共享，提升核心技术成果转化、创业孵化培育、安全标准完善、知识产权运营和保护等专业化服务水平，提高水产各领域的含金量、含新量和含绿量，扩大水产产业链效益和市场竞争力。

大力提高水产品加工技术，增强水产品加工技术自主创新能力，提高中国水产机械设备的技术水平，延长水产品产业链，增加高标准水产品，使传统粗放水产业向精准现代化智慧水产业转变、水产品消费品种由相对单一的鲜活冷冻品消费向多元特色水产品消费转变、水产品加工形式由初级加工水产品向精深加工水产品转变。同时，要改进水产品储运技术和流通效率，合理增加水产品加工与流通技术方面的创新研发投入，着力解决发展瓶颈问题，加强水产品配套物流体系建设，提高水产品流通中的成活率和新鲜度，满足水产品产量不足地区对鲜活水产品的消费需求，驱动水产品加工业转型升级。

二、推进水产品结构调整

以市场需求为导向，构建以消费引导加工、加工引领养殖的现代渔业发展新模式，推动养殖结构优化，鼓励渔民多养生态鱼、多养适销对路的鱼，增加优质高端安全水产品生产，调减结构性过剩的大路货，减少无效供给，促进养殖业、加工业、流通业的协调发展。适时调整渔业发展主攻方向，克服传统增产导向的不利作用，充分认识水产品加工流通业的作用，重视水产品加工业对原料及品质的需求，发挥加工流通对延长产业链、提升价值链、实现循环经济的积极作用，构建集养殖、加工、流通于一体的现代化渔业产业体系，水产全产业链的质量可追溯技术体系，从而协调建设渔业生产、加工、流通全产业链。

致力于形成健康、可持续发展的水产品消费结构，大力发展品牌水产品、智慧水产品和生态水产品，促进水产品消费结构优化升级，助推水产品供给侧结构性改革。同时，对具有高技术含量、较高附加值的水产品出口予以大力发展，以优质水产品进出口为主要基线，带动低附加值水产品进出口。政府方面加大调整水产品消费结构的宣传力度，抓数量的同时要保证质量。企业方面将生产优质水产品落到实处，培育高质量水产品，积极配合政府调整水产品出口结构，从而大大提高中国水产品贸易的国际竞争力。

三、推动"互联网＋"建设

推动"互联网＋水产品"信息化建设，紧随水产品往品质化、标准化方向发展及消费群体的日益年轻化、特色化、健康化，迫切需要加强水产品信息化建设，充分发挥智能化信息技术的作用，打造多样化品牌，有效满足水产品消费群体需求。利用"互联网＋"将水产品生产者与消费者紧密联系在一起，构建全方位面向消费者的信息平台；依托"互联网＋"打造水产品监管体系，开启水产品安全发展新时代；通过智能、便捷、高效的"互联网＋"服务，实现水产品的信息化、智能化、数据化运营、物流及管理，有效提升水产品贸易效率，利用实时大数据推动中国水产品产业的绿色健康、可持续发展。

推动跨境水产品贸易和数字化转型，运用互联网和大数据技术，提升贸易流通效率和信息透明度。推进海外仓数字化发展，探索建立海外智慧物流平台。依托海外仓建立完善覆盖全球、协同发展的新型外贸物流网络，打造优化国际供应链布局的智慧载体。运用数字化手段，创新服务供给方式，提升交易效率，推动跨境服务供需精准匹配。水产业的对应流通商家可以在平台的作用下进行产品交易，体现水产品流通的公平性与透明性，形成距离短、环节少的水产品销售网络，处理交易难的问题。支持贸易数字化服务商为外贸企业提供优质数字化转型服务，协同推进外贸企业数字化转型，提升企业综合竞争力。

持续推动跨境电商网购保税业务发展，扩大跨境电商出口海外仓业务和包裹零售出口。探索完善跨境电商企业对企业出口的税收政策，支持符合条件的跨境电商出口企业适用出口退税政策。支持符合条件的跨境电商企业申请高新技术企业认定。

第六节
强化金融配套保障

一、优化金融、财税政策支持

加强合规性评估,丰富和完善金融、财政政策。设立水产品贸易财政资金和政府投资基金等,引导和带动社会资金,开发低息贷款、融资担保、信用保险等金融工具,进一步加大对贸易创新发展和绿色转型的支持,加强对中小微企业、欠发达地区的政策支持,加快外贸公共服务平台建设。进一步优化进出口关税结构,促进消费和产业升级。

积极推动设立出口信用保险机构,为企业提供出口风险保障。设立专门的金融机构或合作伙伴关系,为水产品出口企业提供贷款和融资担保。针对出口业务提供优惠条件,包括较低的利率、更灵活的还款方式等,以帮助企业解决资金问题并促进出口业务的发展。推动设立专门的出口信用保险机构,承担出口交易中的信用风险,包括买方违约、政治风险、货物运输风险等,帮助企业降低经营风险,增强信心并拓展国际市场。鼓励金融机构通过创新金融产品和服务,满足水产品出口企业的融资需求。例如,开发适合出口企业的供应链融资、订单融资等金融产品,提供便捷的线上金融服务,降低企业的融资成本和运营风险。加强与其他国家和国际金融机构的合作,吸引外资和外国金融机构参与水产品出口业务的金融支持。

二、提高金融服务水平

政府和金融机构可提供金融培训和咨询服务,帮助水产品贸易企业提升财务管理能力和融资申请技巧。为水产品出口企业提供专业金融咨询和辅导服务,帮助企业了解金融政策和支持措施,提供财务规划、风险管理等方面的指导,提高企业的金融管理水平。

加大创新型信贷产品的供给力度,金融机构着力在"养殖—加工—冷链仓储—销售贸易"全产业链上下功夫。因为缺乏抵押物,传统的金融产品很难满足该行业的融资需求。各地的海洋经济资源禀赋不同、产业特色各异,应提供有针对性的金融服务助力产业发展,设计场景化质押融资模式,推出海参贷、牡蛎贷、海洋牧场冷链贷等创新产品。提供更具竞争力的融资条件和利率,为企业提供更多选择和灵活性。通过搭建资金方、仓储方、监管方、质检方及价格监测方等多方共同合作开发的业务场景,打造货押业务快速放款、批量化开发的新模式,紧盯水产贸易全产业链条,不断创新金融产品,给予全链路

"驰援"。

　　扩大融资担保的覆盖范围，设立特殊担保机构或担保基金，为企业提供担保服务，降低企业的融资风险，吸引更多资金进入水产品贸易领域。建立和完善水产品贸易的信用保险体系，为企业提供信用保险服务，为企业提供对买方信用风险的保障，降低交易风险，增加企业的融资能力和市场竞争力。

第七节
加强水产品国际贸易合作

一、积极开拓新兴市场

优化国际市场布局，继续深耕发达经济体等传统市场，着力深化与共建"一带一路"国家的贸易合作，拓展亚洲、非洲、拉丁美洲等市场。逐步提高自贸伙伴、新兴市场和发展中国家在中国对外贸易中的占比，扩大与周边国家的贸易规模。综合考虑市场规模、贸易潜力、消费结构、产业互补、国别风险等因素，引导企业开拓一批重点市场。

积极开拓水产品新兴市场，尤其是与发展中国家的贸易合作。这些市场具有潜力和增长空间，可以带来更多的商机。设立专门的贸易促进机构，为水产品出口企业提供全方位的支持和服务，协助企业开展市场调研、寻找合作伙伴、提供市场信息等，帮助企业顺利开展出口业务。了解目标市场的需求和消费习惯，适应市场特点进行产品定位和营销策略调整。与当地的贸易机构、行业协会和政府部门合作，获得更多市场情报和推广支持。积极争取和参与制定有利于水产品出口的贸易政策，降低贸易壁垒，提高国际竞争力。与政府部门、行业协会和利益相关方合作，就贸易政策和规范进行磋商和协商。同时，了解国际市场准入要求和标准，确保产品符合进口国的法规和质量标准，提升产品的市场可接受性和竞争力。

二、促进贸易保稳提质

针对中国水产品对外贸易时常遭遇技术性贸易壁垒的问题，应积极借助"一带一路"发展机遇，加强与沿线重要伙伴国家水产、商务部门的合作，及时获得并向国内水产品生产加工和贸易企业传递最新的水产品国际市场信息，重点关注国外水产品技术标准、卫生安全标准、重大食品安全事件消息，帮助国内水产加工贸易企业及时调整生产。

充分发挥跨境电商的带动作用。搭建海外仓综合服务平台，为跨境电商出口海外仓模式退税、收结汇提供贸易真实性验证。完善跨境电商进出口退货流程，鼓励企业设立跨境电商网购保税进口退货中心仓，优化调整跨境电商直购进口退货监管流程。

三、积极参与国际经贸规则制定

坚定支持多边贸易体制，维护 WTO 基本原则，积极参与 WTO 改革，认真总结参加国际经贸制定工作经验和教训，提出具有世界共性、对国际经贸发展有指导作用的议题，继续推动恢复上诉机构正常运行，建设性参与渔业补贴、投资便利化、电商、服务贸易国内规制、中小微企业、贸易与环境等议题的谈判和讨论。

建立国际经贸规则制定的工作机制。立足国家未来发展战略，参与国际经贸规则制定的战略规划。全面分析中国参与水产国际经贸规则制定的重点领域和有可能突破的关键领域，提出有前瞻性和创造性的研究课题。利用国际经贸立法稀缺资源，逐渐扩大中国在水产经贸立法中的活动范围和活动深度。

参 考 文 献

边红彪，2018. 俄罗斯食品安全监管体系分析［J］. 标准科学（8）：71-74.

蔡绵绵，王玉婷，2022. 中国成世界最大海产品出口国［N］. 厦门日报，2022-11-17（A05）.

曹小红，2006. 食品安全与卫生［M］. 北京：科学出版社.

陈述平，刁书章，牟玉成，2002. 水产品国际贸易中的非关税贸易壁垒［J］. 中国渔业经济，20（1）：14-15.

陈卫军，2019. 中国虾蟹养殖现状［J］. 科学养鱼（2）：1-2.

陈炜，韦春竹，薛德升，等，2023. 全球水产品消费足迹测度及跨区域对比［J］. 资源科学，45（6）：1255-1267.

陈艳，慕永通，张红智，2014. 中国在世界鲍螺产业中的地位：贸易视角［J］. 世界农业（8）：130-139，196.

陈要武，马洪超，王胜男，2020. 俄罗斯联邦食品标准化及市场监管概况［J］. 中国标准化（13）：3.

郭婷，2022. 复杂网络视角下全球水产品贸易格局演化及影响因素［D］. 大连：辽宁师范大学.

国家藻类产业技术体系，2021. 海带产业发展报告［J］. 中国水产（8）：23-41.

何一鸣，周凤美，2021. 中国水产品贸易竞争力分析及对策［J］. 现代商贸工业，42（2）：39-41.

胡玫，2006. 道德壁垒：中国对外贸易面临的新挑战［J］. 生产力研究（8）：147-148.

胡求光，王艳芬，2009. 中国水产品的消费特征及其影响因素分析［J］. 农业经济问题（4）：97-102.

胡斯涵，韩翔，2022. 中国水产品出口贸易现状及对策分析［J］. 农村经济与科技，33（11）：245-248.

贾欣，张红智，2020. 中国在世界蟹产业中贸易地位分析［J］. 对外经贸（7）：16-21.

姜朝军，2012. 中国贝类加工产业存在的主要问题与发展对策［J］. 渔业信息与战略，27（2）：87-93.

金征宇，彭池方，2008. 食品安全［M］. 杭州：杭州大学出版社.

康慧宇，2018. 中国海藻出口贸易影响因素分析［D］. 上海：上海海洋大学.

康慧宇，杨正勇，张智一，2018. 中国海藻产业发展研究［J］. 海洋开发与管理（6）：11-14.

李涵，青平，张晓恒，等，2021. 中国藻类产业发展现状、问题及对策建议［J］. 中国农业科技导报（1）：12-20.

李乐，马兵，2009. 水产品技术性贸易措施通报评议探析［J］. 农业质量标准（2）：38-40.

李丽，2013. 全球技术性贸易壁垒发展的新特点、趋势及对中国的启示［J］. WTO经济导刊（2）：119-120.

李慕菡，陈曦，2006. 中国水产品出口贸易的绿色壁垒问题［J］. 世界农业（7）：19-22.

联合国粮食及农业组织，2021. 全球海藻生产、贸易和利用现状［M］. 刘雅丹，代国庆，方亚璐，等，译. 北京：中国农业出版社.

卢昆，刘聪，刘慧迪，等，2018. 中国水产品对外贸易特征及其未来发展［J］. 中国渔业经济，36（4）：78-85.

吕珂昕，董家琛，2022. 创新贸易价值链 维护渔业绿色发展［N］. 农民日报，2022-12-27（6）.

前瞻产业研究院，2020. 2020年中国水产品行业市场现状及发展趋势分析疫情下农村消费市场将长期保持增长［N］. 前瞻网，2020-04-13（1）.

曲径，2007. 食品卫生与安全控制学 ［M］. 北京：化学工业出版社.

施流章，1984. 世界淡水养殖的主要鱼类 ［J］. 淡水渔业 (3)：43-45.

孙琛，陈颖，2022. "双循环"格局下中国水产品进口贸易波动研究 ［J］. 中国渔业经济，40 (3)：
　　93-101.

孙琛，牛童童，2015. 中国贝类产品的国际竞争力分析 ［J］. 中国农学通报，31 (20)：44-50.

孙涛，房金岑，何雅静，等，2022. 水产品技术性贸易措施通报情况及变化趋势分析 ［J］. 农产品质量
　　与安全 (6)：68-71.

万晴，吕晓英，2022. 中国对日本水产品出口竞争力的提升策略研究 ［J］. 中国商论 (18)：60-62.

汪东风，2006. 食品中有害成分化学 ［M］. 北京：化学工业出版社.

王莺，2016. 中国虾产品出口贸易发展存在的问题与应对策略 ［J］. 对外经贸实务 (11)：54-57.

韦有周，崔晴，姜启军，2023. 2018—2022 年我国特色淡水鱼进出口贸易分析（上） ［J］. 科学养鱼
　　(4)：22-23.

吴湘生，2008. 中国虾类出口产品的现状、问题及对策分析 ［J］. 北京水产 (3)：10-11.

吴永宁，2005. 现代食品安全科学 ［M］. 北京：化学工业出版社.

谢明勇，陈少军，2009. 食品安全导论 ［M］. 北京：中国农业大学出版社.

旭日干，庞国芳，2019. 中国食品安全现状、问题及对策战略研究 ［M］. 北京：科学出版社.

杨吝，2002. 世界鱼类利用和贸易 ［J］. 现代渔业信息 (8)：13-16.

杨吝，2003. 世界主要渔业产量和贸易 ［J］. 现代渔业信息 (2)：5-8.

杨振昊，2022. 中国鱿鱼及墨鱼出口规模变动机制和出口价格影响因素研究 ［D］. 上海：上海海
　　洋大学.

杨振昊，张俊波，杨晨星，等，2021. 中国头足类水产品出口贸易波动影响因素分析 ［J］. 海洋湖沼通
　　报 (6)：139-146.

佚名，2002. 海淡水虾蟹类 ［J］. 世界农业 (4)：50-51.

于宁，戴卫平，高永刚，等，2018. 中国紫菜国际贸易现状及主要问题研究 ［J］. 中国渔业经济 (5)：
　　39-45.

于千钧，慕永通，刘希全，等，2014. 中国海水贝类进出口贸易变动趋势研究 ［J］. 中国渔业经济，32
　　(6)：88-95.

张红智，慕永通，2013. 中国在世界海水贝类产业中的地位：产量、产值、贸易视角 ［J］. 世界农业
　　(12)：108-115.

张红智，慕永通，霍连才，2016. 中国在世界扇贝产业中的地位：基于生产与贸易视角 ［J］. 安徽农业
　　科学，44 (4)：268-274.

张建新，沈明浩，2011. 食品安全概论 ［M］. 郑州：郑州大学出版社.

张静宜，陈洁，刘景景，2019. 中国水产品消费转型特征及对渔业供给侧结构性改革的启示 ［J］. 中国
　　渔业经济，37 (3)：8-14.

张权，李智彬，杨德利，2024. 从贸易结构视角分析中国远洋鱿钓渔业国际竞争力 ［J］. 上海海洋大学
　　学报，33 (1)：254-262.

张全，杨正勇，2022. 美国绿色贸易壁垒等因素对中国水产品对美国出口贸易的影响 ［J］. 海洋开发与
　　管理，39 (6)：10-17.

张文兵，解绶启，徐皓，等，2023. 中国水产业高质量发展战略研究 ［J］. 中国工程科学，25 (4)：
　　137-148.

张瑛，赵露，2018. 中美水产品消费需求对比研究及其启示 ［J］. 中国海洋大学学报（社会科学版）
　　(5)：77-84.

赵海军，范万红，霍琪，等，2015. 中美进出口水产品质量安全现状及对策研究［J］. 广东海洋大学学报，35（5）：26-33.

赵海军，王紫娟，李政，等，2021. 2020 年中国进口水产品情况分析及对策研究［J］. 食品安全质量检测学报，12（18）：7440-7445.

浙江出入境检验检疫局，2010. 俄罗斯食品、水产品、化妆品法规和标准汇编［M］. 北京：中国计量出版社.

中国海洋大学，国家海洋信息中心，2021. 海洋经济蓝皮书：中国海洋经济分析报告（2021）［M］. 青岛：中国海洋大学出版社.

中国技术性贸易措施网，2020. 2019 年国外（扣留）召回中国出口产品情况分析报告［EB/OL］. (2020-04-22)［2023-12-01］. http：//www. tbtsps. cn/components/pdfjs/web/viewer. html? file ＝％2FriskWarning％2FfileStream％3FpdfPath％3Dz％3A％2Fupload％2Fdetainedrecallreport％2F202004-22％2F15875326489535420. pdf.

中华人民共和国农业农村部. 关于促进"十四五"远洋渔业高质量发展的意见［EB/OL］. (2022-02-14)［2024-04-14］. https：//www. moa. gov. cn/govpublic/YYJ/202202/t20220215 _ 6388748. htm.

中华人民共和国国务院. 关于推进贸易高质量发展的指导意见［EB/OL］. (2019-11-19)［2024-04-14］. http：//politics. people. com. cn/n1/2019/1129/c1001-31480254. html.

中华人民共和国国务院办公厅. 关于推进对外贸易创新发展的实施意见［EB/OL］. (2020-11-09)［2024-04-14］. https：//www. gov. cn/zhengce/zhengceku/2020-11/09/content _ 5559659. htm.

周井娟，2019. 头足类水产品的生产和贸易格局分析［J］. 中国渔业经济（3）：89-98.

周井娟，林坚，2009. 世界虾产品贸易格局分析［J］. 国际商务（对外经济贸易大学学报）（1）：31-38.

ATHUKORALA P C, JAYASURIYA S, 2013. Food safety issue, trade and WTO rules: a developing country perspective［J］. The World Economy, 26 (9): 1395-1416.

CLARK T P, LONGO S B, CLARK B, et al, 2018. Socio-structural drivers, fisheries footprints, and seafood consumption: a comparative international study, 1961-2012［J］. Journal of Rural Studies, 57: 140-146.

FAO, 2022. The State of World Fisheries and Aquaculture 2022［M］. Rome: Food and Agriculture Organization.

World Trade Organization, 2013. 世界贸易报告 2012：贸易和公共政策：21 世纪的非关税措施探析［M］. 中国世界贸易组织研究会，对外经济贸易大学中国 WTO 研究院，译. 北京：中国商务出版社.

图书在版编目（CIP）数据

中国水产品贸易发展报告 . 2023/农业农村部农业
贸易促进中心，中国水产科学研究院黄海水产研究所编著 .
北京：中国农业出版社，2024.6.--ISBN 978-7-109
-32087-1

Ⅰ. ①F752.652.6

中国国家版本馆 CIP 数据核字第 2024SL0598 号

中国水产品贸易发展报告 2023

ZHONGGUO SHUICHANPIN MAOYI FAZHAN BAOGAO 2023

中国农业出版社出版

地址：北京市朝阳区麦子店街 18 号楼

邮编：100125

责任编辑：张雪娇　贾　彬

版式设计：王　晨　　责任校对：吴丽婷

印刷：中农印务有限公司

版次：2024 年 6 月第 1 版

印次：2024 年 6 月北京第 1 次印刷

发行：新华书店北京发行所

开本：787mm×1092mm　1/16

印张：12.5

字数：296 千字

定价：78.00 元